新时代
大学生劳动教育
理论与实践

廖金宝 主编

华南理工大学出版社
·广州·

图书在版编目（CIP）数据

新时代大学生劳动教育理论与实践 / 廖金宝主编. --广州：华南理工大学出版社，2024.12. -- ISBN 978-7-5623-7843-3

Ⅰ．G40-015

中国国家版本馆CIP数据核字第2024Q3N578号

Xinshidai Daxuesheng Laodong Jiaoyu Lilun Yu Shijian

新时代大学生劳动教育理论与实践

廖金宝　主编

出 版 人：**房俊东**	

出版发行：华南理工大学出版社

（广州五山华南理工大学17号楼，邮编510640）

http://hg.cb.scut.edu.cn　E-mail:scutc13@scut.edu.cn

营销部电话：020-87113487　87111048（传真）

策划编辑：范亚玲
责任编辑：梁玉琪
责任校对：梁樱雯
印　刷　者：广州小明数码印刷有限公司
开　　　本：787 mm×1092 mm　1/16　**印张**：11.5　**字数**：215千
版　　　次：2024年12月第1版　**印次**：2024年12月第1次印刷
定　　　价：33.00元

版权所有　盗版必究　　印装差错　负责调换

本书编写委员会

主　编：廖金宝
副主编：赵爱琴　钟海生
编　委：甘小丹　钟　琦　李坤媚　廖一玲
　　　　陈　娴　刘　可　黄婉宜　刘　革
　　　　陈旭娜　李树信　张大巍　滕曼丽
　　　　黄熙芃

序 言

"教育与生产劳动相结合"是马克思主义关于人的全面发展思想的重要命题。"劳动育人"也一直是我国教育事业发展的重要内容。党的十八大以来，习近平总书记站在实现中华民族伟大复兴的战略高度，就劳动与劳动教育发表了一系列重要论述。2020年3月20日，中共中央、国务院印发《关于全面加强新时代大中小学劳动教育的意见》，明确提出加强劳动教育对培养新时代社会主义建设者和接班人的重大意义，规定劳动教育的总体目标、如何设置劳动教育课程以及劳动教育内容等一系列具体的新要求，为各级各类学校开展劳动教育指明了方向。2020年7月，教育部印发《大中小学劳动教育指导纲要（试行）》，强调"职业院校要将劳动教育全面融入公共基础课，要强化马克思主义劳动观、劳动安全、劳动法规教育"。国家政策的高位引领映射出新时代劳动教育亟待转型调适与创新发展的现实境遇。高校作为培养高素质技能人才的重要基地，肩负着推动劳动教育理论与实践创新的重大使命。为深入贯彻习近平总书记关于劳动教育的指示精神，通过劳动教育锻造社会主义事业建设者和接班人，本书编写委员会积极促进高校劳动教育改革，构建符合时代要求的劳动教育体系，为培养具备劳动素养和创新精神的新时代大学生提供有力支撑。

首先，本书强化劳动教育的理论研究。第一章和第二章通过对劳动及对马克思主义劳动观、劳动教育发展历程及现代劳动教育理念的深入剖析，构建具有中国特色的劳动教育理论框架。同时，结合新时代大学生的特点，研究劳动教育在人才培养中的独特作用，为劳动教育的实施提供坚实的理论支撑。

其次，本书强调劳动教育的文化传承与创新。劳动不仅是一种物质生产活动，更是一种精神文化活动。在第三章至第五章，分别围绕弘扬劳动精神、解读劳模精神、践行工匠精神等主题展开论述，旨在通过劳动教育挖掘和传承中华民族优秀的劳动文化，帮助学生全面提升劳动素养，成为具备高尚品德、精湛技能、法治意识和时代担当的新时代劳动者，同时鼓励学生在劳动实践中勇于创新、敢于探索，推动劳动文化的创新发展。

再次，本书倡导劳动教育的校企合作模式。第六章至第九章围绕实现体面劳动、培养劳动品质、提升劳动技能、维护劳动权益等方面，旨在通过开发劳动教育资源，搭建劳动教育实践平台，让学生在理论学习和实践中深入了解行业特点，提升职业技能，培养职业素养。这种教学模式不仅能够丰富劳动教育的内容和形式，还能够为学生未来的职业发展奠定坚实的基础。

最后，本书关注劳动教育的实践环节设计。针对高校学生的实际情况，结合专业特点，在第一至十章均结合高校所开设的学科及专业设计了一系列富有创意和实效的劳动教育实践项目，开发具有行业特色的劳动教育课程，使学生在专业学习中融入劳动实践，实现知行合一。

综上所述，本书致力于构建符合新时代要求的高校劳动教育体系，通过强化理论研究、创新课程设置与内容、探索评价机制以及拓展应用与实践等方面的努力，推动劳动教育在高职院校中的深入实施，为培养具备劳动素养和创新精神的新时代大学生贡献力量。

目 录

第一章 认识劳动：劳动创造美好生活

一、劳动的概述 ··· 1

二、劳动的简史 ··· 5

三、劳动的意义 ··· 9

四、人工智能时代的劳动 ·· 12

五、实践体验 ··· 17

第二章 树立劳动价值观 助力大学生全面发展

一、劳动价值观的概述 ··· 19

二、树立正确劳动价值观的意义 ·· 20

三、什么是劳动"四最" ··· 22

四、实践体验 ··· 29

第三章 立足新时代，弘扬劳动精神

一、劳动精神的内涵 ·· 33

二、劳动精神的时代价值 ·· 37

三、弘扬劳动精神 ··· 43

四、实践体验 ··· 45

第四章　解读劳模精神：引领时代前沿

一、劳模精神的历史变迁 …… 47

二、劳模精神的时代印记 …… 52

三、当代劳模精神品质 …… 60

四、弘扬劳模精神品格 …… 61

五、实践体验 …… 63

第五章　践行工匠精神：淬炼大国工匠

一、工匠精神的产生与发展 …… 66

二、现代工匠精神的内涵与特征 …… 70

三、践行工匠精神的意义和途径 …… 74

四、大学生如何培育工匠精神 …… 77

五、实践体验 …… 80

第六章　实现体面劳动：让生命更有尊严

一、体面劳动的内涵 …… 83

二、体面劳动的意义与价值 …… 87

三、实现体面劳动的途径 …… 91

四、实践体验 …… 94

第七章　培育劳动品质：让职业更有发展

　　一、吃苦耐劳 ·· 96
　　二、诚实守信 ·· 99
　　三、依法履约 ··· 101
　　四、安全生产 ··· 102
　　五、勤俭节约 ··· 103
　　六、创造性劳动 ······································· 104
　　七、实践体验 ··· 105

第八章　劳动技能成就人：技能提升如何助力多维成长

　　一、家务劳动培养生活技能 ····························· 109
　　二、专业实践培养职业技能 ····························· 115
　　三、义务劳动培养社会能力 ····························· 123

第九章　学会运用法律：维护大学生劳动权益

　　一、劳动法概述 ······································· 129
　　二、劳动合同法概述 ··································· 134
　　三、其他劳动与社会保障制度 ··························· 137
　　四、劳动争议处理与权益保障 ··························· 140
　　五、实践体验 ··· 143

第十章　做新时代的劳动者

　　一、做有理想的劳动者 …………………………………… 146
　　二、做有本领的劳动者 …………………………………… 153
　　三、做有担当的劳动者 …………………………………… 158
　　四、实践体验 ……………………………………………… 163

参考文献 ………………………………… 167

后记 ………………………………… 172

第一章 认识劳动：劳动创造美好生活

导　语：

劳动是人类生存的基础，更是人类文明进步的源泉。习近平总书记在庆祝"五一"国际劳动节暨表彰全国劳动模范和先进工作者大会上指出，"中华民族是勤于劳动、善于创造的民族。正是因为劳动创造，我们拥有了历史的辉煌；也正是因为劳动创造，我们拥有了今天的成就"。这一重要论断深刻揭示了劳动创造在5000年中华文明发展史上乃至对未来的发展所产生的巨大推动作用。

一、劳动的概述

劳动是人类社会生存和发展的基础，社会上一切的物质财富与精神财富都来源于劳动。同时，劳动也是人类维持自我生存和发展的重要手段，是人类区别于一般动物的本质特征。可以说，没有劳动就没有人类的生活。

（一）劳动的概念

马克思认为，"劳动首先是人和自然之间的过程，是人以自身的活动引起、调整和控制人和自然之间的物质变换的过程"[1]。具体而言，劳动是人们有目的、有意识地运用自己的体力、智力改造自然界和人类社会的实践活动。从要素结构上看，劳动包括劳动者、劳动对象、劳动工具和劳动产品这四大要素。劳动者是劳动活动的主体，劳动对象是劳动者的作用对象，劳动工具是劳动者使用体力、智力等进行劳动的器具

---

[1] 中共中央马克思恩格斯列宁斯大林著作编译局. 马克思恩格斯选集：第2卷［M］. 北京：人民出版社，2012：169.

手段，劳动产品则是劳动者为满足人们特定需要的、作用于劳动对象生产出的劳动成果。

劳动是人类区别于一般动物的本质特征。人类劳动和动物活动有着根本区别。动物活动是有限的，为了满足生存和繁衍的需要而进行，不存在自我意识。而人类是一种具有主观能动性的、能够进行复杂分工协作的社会性动物，拥有相较于动物更为发达的四肢和头脑，能够利用自身智慧制作和改进生产工具，凭借自身力量认识和改造自然界和人类社会，从而促进生产力的进步和社会的发展。因此，劳动使人类和动物从根本上区分开来。

（二）劳动的属性

1. 自然属性

马克思指出，劳动"是不以一切社会形式为转移的人类生存条件，是人和自然之间的物质变换即人类生活得以实现的永恒的自然必然性"[①]。人类通过劳动实践从自然界获取了基本生活资料，保证了生命的延续。而随着生产力的进步，人类对于生存和发展的需求变得越来越丰富，标准要求也变得越来越高。为了获得更多生存与发展资源，人与自然界的联系日益密切，劳动对象的范围逐步扩大，劳动产品的质量和数量有了显著提高，人类的体力、智力等也得到了显著的提升。因此，人类通过劳动改造自然的同时，也在改造人类本身。

2. 社会属性

人类在劳动实践中不仅与自然界发生关系，还与身边的一切事物发生千丝万缕的联系。在劳动实践中，人类进行分工合作，形成了一整套关于生产、分配、交换和消费等的社会关系。因此，人类劳动不是在孤立状态下进行的，而是在一定的社会历史条件和社会生产关系中依靠群体进行的社会性活动。通过劳动，人类个体得以了解社会状况、参与社会活动；另外，人类个体也在社会化劳动中不断提升劳动能力，在劳动关系中不断获得发展的有利条件。换言之，劳动关系是人类社会关系最重要的组成部分，现实中的人往往是处在具体劳动关系中的人。图1-1为"我为群众办实事"之家电维修志愿服务活动现场照片。

[①] 中共中央马克思恩格斯列宁斯大林著作编译局. 马克思恩格斯选集：第5卷［M］. 北京：人民出版社，2009：56.

图1-1　"我为群众办实事"之家电维修志愿服务

(三)劳动的特点

1. 主观能动性

从表面上看,人类占有和改造有利于自身生存和发展的自然物质,与蜘蛛为捕食猎物而织网、燕子为繁殖后代而筑巢等动物活动没有什么区别。然而,人类的劳动是自由的,受到主观意识的能动作用驱使,能够借助工具和自身力量对自然界进行改造,也能够通过分工协作的方式促进生产关系的进步。因此,人类劳动和动物活动的最大的不同之处在于,动物活动是基于生存本能而进行的,而人类劳动是具有主观能动性的、受到自觉意识支配的行为。

2. 目的性

劳动是有计划、有目的的自觉活动。马克思指出,"蜘蛛的活动与织工的活动相似,蜜蜂建筑蜂房的本领使人间的许多建筑师感到惭愧。但是,最蹩脚的建筑师从一开始就比最灵巧的蜜蜂高明的地方,是他在用蜂蜡建筑蜂房以前,已经在自己的头脑中把它建成了"[①]。人类在劳动之前就有了劳动结果的蓝图,不仅知道为什么做、怎样做,而且清楚将会做成什么样。这也是人类劳动和动物活动之间的本质区别之一。

3. 创造性

相对于动物活动仅是简单重复行为、无法超越自身需求的特点,人类劳动表现出鲜明的创造性,即在数量上实现增值、在质量上实现飞跃。人类的一切活动都受到主观意识的支配,比如吃饭、休息、旅游等。这些活动虽然也具有目的性,但不能称为劳动。在人类的活动中,只有那些能够创造出物质财富和精神财富的创造性活动,才

---

① 中共中央马克思恩格斯列宁斯大林著作编译局. 马克思恩格斯选集:第23卷[M]. 北京:人民出版社,1972:202.

能被称为劳动。劳动者在生产实践中不断发现问题、总结经验、制造工具、改进工艺，成为推动人类社会向前发展的力量源泉。

（四）劳动的类型

1. **简单劳动、复杂劳动**

根据劳动的复杂程度，劳动可被划分为简单劳动和复杂劳动。简单劳动是指劳动者在一定的社会条件下，不需要经过特别的专业训练即能从事的劳动；复杂劳动则要求劳动者必须经过专门学习和大量训练，具备一定的文化知识和专业技能。可以说，复杂劳动约等于强化后的简单劳动。

2. **体力劳动、脑力劳动、生理性劳动**

根据劳动依赖的主要运动器官，劳动可被划分为体力劳动、脑力劳动、生理性劳动。体力劳动是指以人体肌肉与骨骼的劳动为主、以大脑和其他生理系统的劳动为辅的人类劳动；脑力劳动是指以大脑神经系统的劳动为主、以其他生理系统的劳动为辅的人类劳动；生理性劳动是指除了体力劳动和脑力劳动以外的其他形式的人类劳动。一般的人类劳动由脑力劳动、体力劳动与生理性劳动按照不同的比例关系组合而成。

3. **手工劳动、机械劳动、服务劳动**

根据劳动作用的途径，劳动可被划分为手工劳动、机械劳动和服务劳动。手工劳动是指需要手工制作的劳动，要求劳动者具备一定的手眼协调能力和制作技艺，需要进行长时间的手工制作，从而保证产品优质和美观，比如木匠制作家具、裁缝制作衣服等。机械劳动是指需要使用机器设备进行的劳动，要求劳动者具备关于机器设备的操作和维护能力，以便提高生产效率和质量，比如工厂里的机器生产、建筑工地上的机械挖掘等。服务劳动是指为他人提供服务的劳动，要求劳动者具备良好的沟通能力和服务意识，围绕他人的需求和感受提供最优质的服务，比如医生看病、服务员接待客人等。

【典型案例】

李庆恒：劳动创造幸福人生

1995年出生的李庆恒，在浙江杭州送了5年快递，2020年获评浙江省杭州市高层次人才。

2015年9月，李庆恒加入浙江申通快递，主要在客服岗位工作，处理转运中心的问题件，包括投诉件、遗失件等。进入浙江申通快递一年左右，李庆恒认识到，如果不去一线经历、学习，难以更好地服务客户。每年的"双十一""双十二"，业务非常繁忙，快递行业从业者都恨不得有三头六臂。李庆恒主动申请前往一线操作场地支援，早上五六点到岗，晚上10点才回家休息，做最基础的卸货、分拣、扫描、装车等工作。2016年，因表现优异，李庆恒被公司评为优秀员工。2019年8月，李庆恒参加浙江省第三届快递职业技能竞赛暨第二届全国邮政行业职业技能竞赛浙江省初赛，这个比赛在全国快递行业中规格高、含金量足。在比赛中，他不仅熟背全国各地邮政编码，而且可以在12分钟内设计19件快递的派送路线。最终他获得了快递员项目的第一名。之后，经过多次比赛及优秀的个人工作表现，他被浙江省人力资源和社会保障厅授予"浙江省技术能手"称号，又被浙江省总工会评为"浙江金蓝领"。凭借个人的努力，李庆恒被认定为浙江省杭州市高层次人才，认定类别为D类。李庆恒正是通过自己不懈的努力，用自己的劳动奋斗出了幸福人生，实现了自己的人生价值。[①]

案例解析：在普遍的社会认知中，快递员往往是一种临时的、不稳定的工作。但职业不分高低贵贱，"三百六十行，行行出状元"。在平凡普通的工作岗位上，只要我们热爱工作，以饱满的热情迎接每一天的工作，勤于研究思考，善于总结琢磨，就可以把看似没有技术含量、实则内含门道诀窍的普通工作做得更为出彩，通过自身努力实现个人的价值。

二、劳动的简史

恩格斯曾说过，"劳动创造人类"[②]。人类历史是以人的物质劳动作为载体的历史，因而劳动在整个人类社会漫长的历史进程中处于关键性地位。从刀耕火种的原始社会，到精耕细作的农业社会，再到机器生产的工业社会，劳动创造美好生活的事实和规律始终没有改变，变化的只是劳动形式。

（一）原始社会

在原始社会，劳动创造人类是一个艰苦卓绝的过程。原始先民的劳动主要表现为狩猎、采集等简单的生存性劳动，劳动成为原始人类生产和生活的主要方式。局限于当时极端落后的生产力，原始先民需要付出沉重的劳动才能维持基本生存和繁衍种

---

① 袁野，吴丹若. 是时候重新认识人才了[N]. 成都商报，2020-07-03（5）.
② 中共中央马克思恩格斯列宁斯大林著作编译局. 马克思恩格斯文集：第九卷[M]. 北京：人民出版社，2009：550.

族，否则无法面对强大且不可控的自然环境挑战。

面对恶劣的生存环境和巨大的生存压力，原始先民只能把生活和发展的欲望局限于"生存"的主题上；同时，原始的公有制社会中并没有普遍出现纳贡、服役等额外负担，原始先民只需要考虑如何维持生存。由此可见，原始社会中的劳动是不可或缺的生存手段，极端落后的生产力迫使原始先民们必须从事劳动；另一方面，劳动的功能仅为维持生存，而并未被赋予满足其他非生存性需求的作用。

总而言之，原始社会的劳动是出于生存需要的自发行为，表现出朴素的单一性与单纯性：单一性体现为原始劳动只是简单的狩猎、采集等生存性行为，缺少具体复杂的劳动分工；单纯性则指的是原始社会没有出现地主与农民、资本家与工人等复杂的社会关系特征，因此原始劳动仅是一种获取人类生产生活必需品的活动。

（二）农业社会

当生产力发展到一定程度时，人类社会出现剩余商品，进入具有阶级区分的农业社会。劳动从人类自然状态的生活中独立出来，成为一种人类独有的自觉活动。而国家的成立和阶级的出现促使劳动内容和形式进一步被分化，有了更细致的分工：统治阶级主要从事脑力劳动，即组织和管理劳动活动，以维持劳动过程的有序进行；被统治阶级主要进行体力劳动，以维持社会生存所必需的物质资料，并为统治阶级提供服务。

由此可见，农业社会的劳动摒弃了过去的单一性与单纯性，出现了进一步的分化和分工，而其功能也出现了新的特点。

首先，劳动具有了组织社会的功能。为了更好地调动社会资源、完成宏大的社会建设等，体力劳动处于国家机构的统一管理和组织之下，如国家机构通过征收、服役、雇佣等方式组织境内劳动力修建大型设施等。由此，劳动向社会提供了物质基础，获得了组织社会的功能。

其次，劳动具有了阶级象征的功能。在农业社会，劳动承担起了比原始社会更繁重的物质创造功能。在阶级社会私有制条件下，为了满足整个社会的物质需要，统治阶级主要负责组织和开展一系列劳动活动；而被统治阶级则在统治阶级的奴役下进行剥削性劳动。因此，劳动受到了阶级社会的约束和框定，成为身份角色与社会地位的象征。

（三）工业社会

在工业社会，人类社会进入了机器大生产时代。劳动的组织形态也随之发生变化，由以家庭为单位的零散个体劳作，转向组织化、规模化、机械化的社会性作业，实现了劳动效率的大幅提升：在工厂内，复杂劳动被分解为简单劳动，把产品的制作过程划分为不同的工序，并分配给流水线上的工人；在工厂外，更为广阔的社会分工则根据劳动性质被划分为不同行业，如交通运输业、机械制造业、食品加工业等。

伴随着劳动形态的变化，这一时期的劳动出现了新的特点。首先，劳动组织社会的功能大大增强。工业社会的劳动出现了更为复杂深入的分工，成为一种具有高度组织性的社会生产活动。这意味着社会上的所有人都在不同程度上参与到了社会大生产中，人与人之间的关系变得更为紧密。因此，需要组织更多力量协调工业生产、社会分工等，劳动的组织功能得到进一步加强。

其次，在资本主义私人所有制和资本无限追求剩余价值的影响下，劳动者进一步沦为资本主义工业生产的商品化生产要素。他们的劳动不仅是价值剥削的源泉，也成为维持自身劳动力再生产的必要活动，因而这一时期的劳动表现出更强的被迫性和必需性。同时，劳动者和劳动剥削者的贫富差距日益扩大，出现了社会两极分化和矛盾斗争等现象，成为当时工业社会的主要特征。

（四）数字经济社会

进入21世纪，计算机、互联网、大数据和3D打印等新科技快速发展，信息技术无处不在。人类社会已进入数字经济时代的新阶段。

数字经济以数字化的知识和信息作为关键生产要素，以数字技术为核心驱动力量，以现代信息网络为重要载体，通过数字技术与实体经济深度融合，不断提高经济社会的数字化、网络化、智能化水平，加速重构经济发展与治理模式的新型经济形态。① 它突出的数据化、共享性，为人类创建更公正平等的世界奠定了坚实基础；同时，也将全球共同面临的问题展露出来，比如数字创新和技术支柱的安全隐私、新兴技术的道德原则和普遍价值观等。

在数字经济社会，人类的劳动形式将逐步转变为数字劳动，呈现出新的时代特点。首先，数字劳动成为一个更为复杂系统的劳动过程。相较传统体力劳动，数字劳动主要以脑力劳动为主。作为数字劳动主体的数字技术人员，必须接受长期学习和培

---

① 李宏兵. 数字经济战略下中国企业"走出去"的劳动力市场效应研究[M]. 北京：北京邮电大学出版社，2020：3.

训，掌握运用数字技术、操纵数字设备，进行数字劳动经验积累。其次，数字劳动是对传统生产方式的革新。劳动平台从实体化变为虚拟化。数字劳动者建立数字网络平台，突破了传统实体的局限性，拓展了生产和服务场所，大大节约了生产和交易成本。最后，劳动过程的数字化体现了高效性。数字劳动不断推动传统产业进行调整升级，淘汰落后产业，使新兴产业优化升级，引起劳动就业结构调整和就业岗位竞争加剧等现象，推动社会生产力的持续发展。

【典型案例】

都江堰：集体劳动的结晶

都江堰是中国古老的灌溉系统，它始建于约公元前256年，作为灌溉和防洪工程，至今仍在使用。战国时期，生活在岷江沿岸的人们饱受洪灾困扰。秦蜀郡太守、灌溉工程师、水文学家李冰对这一问题进行了调查，发现岷江从岷山到达成都平原会突然减速，向河道注入淤泥，从而使附近地区极易发生洪灾，其中一个解决办法是建一座水坝。于是，李冰从秦昭王那里求得10万枚银币，并组建了一支由数万民众组成的队伍。民众用长香肠状竹子编织成的篮子建成大堤，在篮子里装满了石头（叫作竹龙），并用一种名为"马哈"的木制三脚架固定在原处。但切割通道是一个大问题，因为在火药被发明之前，李冰可用的工具无法穿透坚硬的岩石，所以他使用火和水加热和冷却岩石，直到它们破裂并将其移除。经过8年的努力，一条20米宽的水道穿山而出。都江堰系统建成后，岷江沿岸不再发生洪灾，灌溉使四川成为中国最高产的农业区。2000年，都江堰成为联合国教科文组织世界遗产地。如今，它已成为四川的主要旅游景点之一。

案例解析：两千多年前，没有火药、没有机械，单凭竹子、石头，李冰率领民众成功开凿了山体、切割了通道、建起了大坝。李冰父子在劳动实践中得出"深淘滩，低作堰"的治堰原则，并使其成为都江堰长盛不衰的主要诀窍。都江堰是集体劳动的结晶，深刻诠释了"劳动就是创造"的道理。我们不仅要学习这种敢于实践、勇于创造的精神，更要在学习、实践、创造中深刻认识到劳动的本质，并将此应用于我们的生活和工作中。

三、劳动的意义

人类通过劳动改变自己、改善生活、改造世界。劳动是人类社会发展的日常活动，是社会财富和人生幸福的源泉，也是推动人类社会进步的根本力量，更是实现人的全面发展的重要途径。

（一）劳动创造世界

1. 劳动促使人类认识自然、改造自然

经过漫长的辛勤劳动，人类克服了严寒酷暑，战胜了自然灾害，并灵活运用自然规律为自身服务。比如，瓦特发明了蒸汽机，把煤燃烧时产生的热力有效地转变为蒸汽机的动力；人类修建了水力发电厂，利用水位差产生的动能进行发电。通过劳动实践，人类得以全面认识和掌握人与自然界之间的关系，并有意识地改造自然，彰显出自身作为劳动主体的智慧、意志和力量，在地球上永久地留下了自己劳动的痕迹。

2. 劳动帮助人类创造适宜生活的世界

人类把自然界视作自己劳动的对象，并透过各种自然现象认识蕴含于其中的主要内涵、深刻本质和基本规律。在充分认识自然界的基础上，人类制造和使用劳动工具，征服了猛兽，驯养了家畜，改造了植物，种植了农作物，开采矿源并加以冶炼，把工业原料制作成各种生产工具与生活资料。人类借助劳动建造了今天的万丈高楼，筑就了现代化的高速公路，让偌大的地球变成了紧密联系的城市村落，创造了一个适宜人类生活的世界。

（二）劳动创造历史

1. 劳动是创造人类历史的必要条件

马克思指出，人们"为了生活，首先就需要吃喝住穿以及其他一些东西。因此，第一个历史活动就是生产满足这些需要的资料，即生产物质生活本身，而且，这是人们从几千年前直到今天单是为了维持生活就必须每日每时从事的历史活动，是一切历史的基本条件"①。这表明，只有立足于生产劳动才能真正理解人类历史的发展，只有劳动人民才是历史的创造者，而人类创造历史的行动蕴含在日常生产劳动之中。

2. 劳动是推动历史前进的根本动力

劳动人民创造了物质世界与精神世界，成为社会变革发展的主体力量。他们通过

---

① 中共中央马克思恩格斯列宁斯大林著作编译局. 马克思恩格斯文集：第一卷 [M]. 北京：人民出版社，2009：531.

劳动解决了自身衣、食、住、行等生存问题，不断改进自身的认识和实践能力，推动了社会生产力的发展。只有生产力充分发展，才能进一步满足人类的物质与精神需求，人类历史才得以不断地发展延续。因此，劳动是人类维持自我生存和促进自我发展的唯一手段，成为人类推动历史发展的必要条件和根本动力。

（三）劳动创造人本身

1. 劳动使人从自然界中分离出来

恩格斯指出，"首先是劳动，然后是语言和劳动一起，成为两个最主要的推动力，在它们的影响下，猿的脑髓就逐渐地变成了人的脑髓"[①]。考古学、人类学等领域的研究表明，劳动在猿到人的进化过程中发挥着决定性作用。猿通过劳动获得丰富的营养和充足的锻炼，实现前后肢的分工，从而学会了直立行走，获得了开阔的视野；发音器官的成熟促进了语言的产生，脑髓的生长促进了思维的形成，最终促进了人脑的发展。正是由于劳动，人学会了制造工具，从自然界中分离出来，形成了与动物不同的生存方式。

2. 劳动是人类赖以生存和发展的决定性力量

物质生产劳动是人类最基本的实践活动。原始人类经过了数百万年的劳动实践，才逐渐锻炼出灵巧的双手和发达的头脑，形成了人的各种感觉器官，培养了人所特有的感觉能力和思维能力，并且逐渐形成了表达思想感情的语言系统。比如，在从早期猿人到晚期智人进化的过程中，人类的脑容量不断增大，体态特征越来越近似于现代人，劳动工具逐渐多样化，出现了原始文明的雏形。从这种意义来讲，劳动是人类赖以生存和发展、实现自我价值的关键，没有劳动就没有人类。

（四）劳动推动人的全面发展

1. 劳动为人类的发展搭建了实践平台

劳动既是人本质形成的起点，也是人本质发展的基础。首先，在劳动过程中，人类的身体器官及其功能得到了锻炼，观察力、思维力和创造力等能力素质得到了发展。其次，劳动能够培养人的道德品质、提高人的精神境界，形成艰苦奋斗、吃苦耐劳的优秀品质，养成艰苦朴素、勤俭节约的良好习惯。最后，劳动与个人的成才成功有着紧密的联系，劳动可以锻炼能力、磨砺意志，强化自强、自信、自立的个人意

---

① 中共中央马克思恩格斯列宁斯大林著作编译局. 马克思恩格斯选集：第3卷［M］. 北京：人民出版社，2012：992.

识。这些都是人走上社会后建功立业、实现个人全面发展的必备素质。

2. **劳动是人类实现自我价值的驱动力**

在劳动中，人类处于持续发展、不断完善的过程，劳动中凝聚的成果会形成一种对劳动本身的肯定与回报，使得劳动成为一个人类逐步解放自我、实现自我价值的过程。劳动的进步意义，要求我们成为劳动实践的积极践行者，也要求我们成为尊重劳动、热爱劳动的积极倡扬者和坚定维护者，更要求我们高扬"劳动最光荣、劳动最崇高、劳动最伟大、劳动最美丽"的旗帜，让诚实劳动、勤勉工作成为社会时尚，成为最重要的价值取向。图1-2为学雷锋系列活动之校园清扫活动的照片。

图1-2　学雷锋系列活动之校园清扫活动

【典型案例】

刘中华：一名顶尖级"老表匠"

在1300多万深圳人里，可能再也没有谁比刘中华更懂得光阴的宝贵，也没有谁能比他更懂得空间的价值，原因很简单，他是一个顶尖级"老表匠"，一个在方寸表盘上"跳舞"的人。1971年出生的他，老家在广东揭西农村。1990年高中毕业后，19岁的他便鼓足勇气到深圳闯一闯，这一闯就抓住了深圳飞亚达招聘的机遇。

万事开头难。到了公司，刘中华先从学徒工干起。起初他连镊子都拿不稳，一夹零件手就抖。想进步，没有捷径，必须反复练习。刘中华悟性好、肯吃苦，经过不断磨炼，他慢慢地成为公司装配部的一把好手。后来，他被调到高档手表小组，参与手表维修，做过技术线长，解决生产线上的技术问题。此外，他还对工具夹进行设计改造。在小小机芯里，练就技能是个精细活。机械表走得灵不灵，关键看师傅的调试功力。刘中华的工作要精确到丝。1丝有多细？头发丝直径是8丝。在刘中华看来，制作手表最核心的环节,就是匠人的用心打磨。

这些年,刘中华获奖无数。2002年,刘中华在深圳第四届职工技术运动会手表装配工比赛上,荣获个人第一名及团体冠军。他拆装两个石英机芯只用了3分钟,可谓是技惊四座。2006年,在全国机械手表维修调试技能比赛上,他获得个人银奖及团体第二名。2007年,在深圳市百万农民工技能大比武活动中,他获得"深圳市技术能手"荣誉称号。2016年,他荣获"深圳市百优工匠"称号。2017年,他成为深圳市劳模。刘中华的"舞台"就是一个表盘,小得不能再小,但因为具有工匠精神,他的舞台又很大很大。①

案例解析:刘中华的经历生动体现了劳动对于实现人生价值的重要意义,劳动创造了世界上最重要、最美好的东西,体现了人的宝贵价值。正如高尔基所言,我们世界上最美好的东西,都是由劳动、由人的双手创造出来的。作为新时代青年,要深刻领会到劳动是人类的幸福源泉。只有努力奋斗、勤奋劳动,我们才能创造出更加灿烂、美好的未来。

四、人工智能时代的劳动

21世纪以来,人工智能对社会发展的影响不断深入。人工智能不仅能极大地促进生产力的发展,还将深刻改变人类的生活世界、思想观念和组织制度等。面对即将到来的人工智能时代,劳动者应该主动学习相关知识和技能,提升自己的综合素质,积极适应社会发展。

(一)人工智能简介

1. 人工智能的本质

从学理上讲,人工智能(artificial intelligence,AI)是研究、开发用于模拟、延伸和扩展人的智能的理论、方法、技术及应用系统的技术科学。人工智能是计算机科学的一个分支,旨在了解智能的实质,并生产出新的能以与人类智能相似的方式做出反应的智能机器。其研究领域包括智能机器人、语言识别、图像识别、问题解决和演绎推理、学习和归纳过程等。②

具体而言,人工智能的本质是智能的机器体系,通过智能算法模拟人类大脑。它

---

① 陈振凯,吕绍刚,刘少华. 四十年光阴里的深圳故事[N]. 人民日报海外版,2020-09-03(5).
② 刘文强. 建设制造强国[M]. 北京:中国青年出版社,2022:166.

设计的初衷是替代机械性的劳动，减少对人的劳动力的消耗。人工智能与以往的生产工具的不同在于，以往的生产工具是对部分体力劳动的替代与延伸，而人工智能是对部分脑力劳动的替代与延伸。人工智能作为智能化的机器体系，其本质仍然是技术与机器，是人类的生产工具。目前，人工智能还无法具备自我意识，它只有进入人类的劳动过程，才能实现其价值。

2. 人工智能的发展历史

早在1950年，"人工智能之父"图灵提出计算机可以"思考"、有智能，科学家一直在探索计算机如何帮助甚至替代人类"工作"和"思考"。20世纪90年代，人工智能再度盛行，复制并提高模式识别和预测方面的人类智能。此时，"深度学习"（利用多层次方案提升机器学习、统计推断和实现最优化的算法）的规律不断被挖掘和应用，使得人工智能技术快速发展，开发出包括机器人、语言识别、图像识别、自然语言处理和专家系统等科技产品，成为人类智慧的"容器"。

如今，人工智能成为新时代、新技术的代名词。21世纪，计算理论进一步发展，加之量子技术、网络技术、生物工程与计算机四大资源体系的有力支撑，借助大量的数据资料，计算机进入后深度学习阶段，人工智能技术迅猛发展，重点研究如何使计算机做靠人的智力才能做的工作，智能芯片、智能安防、智能社交、智能交通、智慧教育、智慧医疗、智能家居、智能电子商务、智能制造等人工智能在各个行业全面爆发，大范围地利用自动机器模拟人的思维过程也并非不可能。[①] 图1-3为机电工程学院工业4.0智能制造实训中心（含自动化生产线安装与调试）生产线。

图1-3　机电工程学院工业4.0智能制造实训中心（含自动化生产线安装与调试）生产线

---

① 刘向兵. 劳动通论［M］. 2版. 北京：高等教育出版社，2021：319.

(二)人工智能对人类劳动的影响

1. 人工智能和人类劳动的关系

随着新一代人工智能的兴起,机器智能越来越接近人类智能。过去专属于人类的劳动,特别是脑力劳动,存在着被智能机器取代的可能。因此,人工智能给人类劳动带来了巨大的挑战。首先,从表面上看,人工智能让仅仅具备简单技能的劳动人群失去工作;但从本质上看,这是人工智能对人类作为唯一劳动者以及人类劳动权的挑战。其次,智能机器人的作业在许多领域已经超越人的劳动能力。人们担忧这些超级机器人是否会发展到不受控制的程度,或者迫使人类服从于它的命令,使自然人的自由意志受到侵害。

另外,对人类而言,这种挑战本身也是一种机遇。首先,人工智能的发展使得更多人摆脱重复性、机械性、消耗性的繁琐劳动,可以投入更多时间和精力进行创造性、原创性、增值性的劳动实践,为人类社会的进步创造了条件。其次,历史经验告诉我们,技术创新从未带来长期性的大规模失业,反而在经济活动中创造了更多的就业机会,人工智能也不例外。未来,人工智能会在各行各业中创造许多新的工作、新的岗位,只是工作任务的要求会发生很大变化。

2. 劳动在人工智能时代的新特征

未来,传统的人类劳动会逐渐被替代或者改变内容,未来也必然要经历变革的阵痛,但最终人类一定能够适应新的环境和技术条件,让劳动本身重新找到合适的定位和社会价值,在人工智能时代焕发新的活力。

首先,劳动始终是人类的需要。人是从劳动中诞生和发展的。没有劳动,人类也将无以存在。无论处于什么时代,人类都是需要劳动的,只是会以不同形式展开劳动。在人工智能时代,人的劳动依然是不可或缺的,只是与以往的传统劳动会有较大差别,比如劳动需要更多的现代信息化、智能化技能,其创造性特征更加显著、人文情怀越发浓厚等。

其次,劳动更具有创新性。未来高度发展的智能机器人会承担大多数重复性高、难度系数高的劳动。人类劳动则朝着"体力支出越来越少,智力支出越来越多"的方向发展,以创新性、创意产业为重点,以服务人类更美好的生活为目标,以不断开发研制更高端、智能的劳动工具为抓手。借助科学技术给人类社会带来的福祉,未来创新性活动更普及、更丰富,以智力劳动为核心的人类劳动正在逐步实现。

最后,劳动呈现更多乐生性。乐生性指的是劳动带给劳动者实现自我价值、社会价值的愉快感、幸福感。在人工智能时代，劳动的乐生性源于人工智能已替代了绝大部分繁重危险的工作，劳动选择的自由度也因此增加，人们可以按照自己的兴趣、爱好和特长选择职业。未来，劳动内容越来越丰富，形式越来越富于变化，劳动者的流动性越来越强，自主自由劳动会越发普遍，这都为人类全面自由的发展提供了条件。

（三）人工智能时代下劳动者的素质要求

在人工智能时代，人类的灵活应变是机器人无法比拟的，智能机器人的缺陷是要人弥补的。另外，人工智能时代的工作岗位对劳动者有着更高的素质和能力要求，劳动者应具备创造能力、应变能力、解决能力等综合素养。

1. **拥有数字时代通用技术和常识**

信息收集与管理技术、数据分析与应用技术、人工智能知识和互联网知识等，都是未来劳动者的知识和技能标配。而以项目形式开展的协作劳动将成为常态，要求劳动者必须掌握组织、决策、沟通等管理技能。此外，区块链、大数据、金融知识、法律知识、区域国别文化和各种行业规章制度等基本常识，也是未来劳动者的必备知识。

2. **培养并保持自主学习的能力**

学习的能力不仅局限于掌握知识和技能，更延伸至认知世界、理解世界的能力，比如观察能力、推理能力和创造能力等。在当今信息爆炸、科技日新月异的时代，信息和技能永远在持续更新的道路上。因此，任何的学历、文凭和知识体系都不足以支撑人的整个职业生涯。自主学习已成为这个时代最有用、最需要的生存能力，终身学习将成为一种常态。

3. **具备创新意识和能力**

科学技术的快速变革与创新，帮助个体与组织保持着旺盛的生命力。因此，创新性、创造力是未来劳动者的关键素质，要求人们保持好奇心、想象力，不轻易否定任何新奇的想法和大胆的尝试，更要鼓励自己包容他人进行创造性的工作。在国家层面，应加快实施创新驱动发展战略，拥有自主知识产权，鼓励劳动者勇于探究、不断钻研，才能实现中国梦。

4. **拥有良好的沟通协作能力**

随着技术的发展，社会的劳动分工会越来越细，专业性会越来越强，而劳动面临的整体作业却越来越复杂，此时彼此的协作共商显得格外重要。即使是创意产业也十分依赖集体的头脑风暴，更需要其他外部资源的协助。因此，良好的沟通能力、与人协作的技巧和积极的心态，是未来劳动者必备的素质之一。

【典型案例】

人工智能助力"无人工厂"[①]

在石英玻璃生产车间内，各种设备忙碌而有序地工作着。叉车AGV在各个工站间不停穿梭，它将已经成型的石英玻璃从高空取下，自行运送到仓库的存储区。整个过程基本看不到操作工人的身影。上下料、搬运、检测、入库等每道工序基本都实现了自动化操作，各工序间不仅衔接默契，并且准确高效。

以上场景可不是对于未来的想象，而是湖北菲利华石英玻璃股份有限公司生产车间的真实写照。几年前，菲利华的生产车间还是这样：车间内拥有约50个工位，各个环节都依赖人工完成，现场总是有将近70个工人在不停地忙碌，现场温度高、环境恶劣等因素，导致员工流失严重。对于公司而言，人工成本不断攀升，生产效率也无法得到保障，菲利华迫切需要摆脱当前困境。

实现三线联动后，菲利华工厂大大减少了人工作业，降低了人工劳动强度，节省了人力成本。上料、下料从原来的5个专业技术人员减少为仅需1个就能监测处理工艺等问题；原本至少需要2~3个人在车间搬运玻璃成品，现在只需要1台叉车AGV就能高效搬运。此外，工站生产完毕，会直接给叉车AGV发送信号，大大缩短了中间反应时间，提高了生产效率。在线检测和质量跟踪等功能不仅可减少人为误差，更有助企业提升产品品质。三线联动还能做到生产线缺料、停料的及时呼叫，让管理者对设备状态一目了然，实现生产效益的最大化。

案例解析：该案例生动地展现了人工智能的发展及其作用。它实现了现代工厂的无人化，有利于提高效率、控制成本，奠定了企业规模化生产的基础。人工智能时代的到来，不仅让物质生产与非物质生产实现了全面自动化，而且推动了未来职业格局的变化：大量的职业会消失，又有大量的职业会兴起。面对人工智能时代，我们更应注重自身能力和素质的全面发展，实现"一专多能"，不断提高岗位适应能力和可持续发展能力。

[①] 案例：这不是科幻电影！是未来"无人工厂"的日常［EB/OL］.（2017-06-14）［2024-03-27］. https：//www.sohu.com/a/149045423_308412.

五、实践体验

本次实践体验活动为机电工程学院技术服务进社区活动。

（一）活动目的

为深入学习贯彻习近平总书记在全国教育大会上的重要讲话精神，贯彻落实教育部《关于全面加强新时代大中小学劳动教育的意见》，结合机电专业群特点开展专业服务、社会实践等活动，使学生增强劳动意识，积累职业经验，提升就业创业能力，树立正确择业观，注重培育公共服务意识。

（二）活动主题

技术服务进社区，志愿活动暖人心。

（三）活动地点

各大居民社区。

（四）参与对象

机电工程学院在校学生。

（五）活动准备

（1）由居民社区主要负责人事先统计需要维修的家电种类与数目等，并及时将统计结果反馈至活动负责部门。

（2）由进行家电维修的操作人员按照统计情况做好准备工作，如准备相关的维修工具、所需的家电零件等。

（六）活动内容

1. **家电维修**

维修居民的电饭煲、电磁炉、电风扇等多种家用电器。在维修过程中，宣传安全使用和维护电器的注意事项。图1-4为技术服务进社区活动现场照片。

2. **家电清洁**

对居民的家用电器进行防污消毒、清洁保养。利用超声波仪器对居民的眼镜、贵金属用品等进行精细清洗。

图1-4 技术服务进社区活动现场

（七）活动注意事项

（1）参与人员要听从活动组织方的安排，增强服务意识，展现良好的精神风貌，杜绝一切不文明行为。

（2）参与人员要注意个人安全，注重相互交流技术，讨论解决故障难点。

（3）活动结束时，全体成员要清理场地，整理维修工具，做好卫生保洁工作。

（八）活动效果

依托机电工程学院专业办学特色，发挥智能制造类专业学生所学的专业知识、专业技能，开展家电维修、机电清洁等活动，将所学技能运用到社区服务的实际场景中，解决维修清洁等困难，宣传用电安全知识，达到学以致用的目的，增强服务意识，践行青年担当，真正为群众办实事、解难题。

（九）活动反思

活动中存在一些问题，如参与活动的学生人数有限、活动宣传力度有待提升、维修家电的种类较少、活动人员分工还需进一步细化等。为进一步加强活动效果、真正发挥育人作用，接下来应持续加强宣传力度，进一步加强人员培训工作，根据实际情况将参与学生分成技术小组、宣传小组、后勤小组等，保证活动有序高效进行。

第二章 树立劳动价值观 助力大学生全面发展

导　语：

2018年9月10日，习近平总书记在全国教育大会上的讲话中强调："培养德智体美劳全面发展的社会主义建设者和接班人……要在学生中弘扬劳动精神，教育引导学生崇尚劳动、尊重劳动，懂得劳动最光荣、劳动最崇高、劳动最伟大、劳动最美丽的道理，长大后能够辛勤劳动、诚实劳动、创造性劳动。"

一、劳动价值观的概述

随着全面建成小康社会和第一个百年奋斗目标的实现，中国已经启动全面建设社会主义现代化国家的新征程，并致力于实现第二个百年奋斗目标的新发展阶段。而作为中国特色社会主义教育制度的重要内容之一的劳动教育，是培养社会主义建设者和接班人的劳动精神面貌、劳动价值取向和劳动技能水平过程中的重要环节，在劳动教育的框架内，最核心的任务是引导青年大学生建立正确的劳动价值观。

通过劳动教育，大学生能够深刻理解劳动的重要性，认识到劳动不仅是个人生存和发展的基础，也是社会进步和民族复兴的重要推动力。因此，劳动教育在培养具有责任感、创新精神和社会服务意识的社会主义建设者和接班人方面，发挥着至关重要的作用。作为社会未来的栋梁，大学生肩负着推动民族复兴和社会发展的重任。因此，大学生应当积极参与志愿服务、社会实践以及科技创新等活动，以实际行动提升自身的综合素质和能力。

（一）什么是劳动价值观

劳动价值观是指人头脑中所呈现的对劳动的观念映像，以及与其他要素相关联时对劳动价值的概念认识。劳动价值观具有引领作用，可以使学生形成正确的劳动认知、合理的劳动取向以及做出恰切的劳动行为。劳动价值观具有先导性，支配着学生从事劳动的行为，预示着劳动完成后的结果。[①] 在教育与社会实践领域，培育正确的劳动价值观对于塑造大学生积极的工作态度、推动社会和谐和促进可持续发展至关重要。正确的劳动价值观能够引导新时代青年形成对劳动的积极看法，从而激发他们在工作中展现出更高的热情和效率。

（二）劳动价值观的形成

劳动价值观的形成过程由劳动价值认知、认同劳动价值、践行劳动价值观三个层面构成，并且是依次递进发展的。首先，劳动价值观的认知是形成过程中最基础也是最重要的，它搭建了劳动价值观的基本架构和内容；而没有价值观念的形成，劳动价值认同和具体行为则无法发展。其次，劳动价值观的认同是价值观形成的关键环节，通过开展树立劳动模范、学习劳动精神、弘扬工匠精神等活动，可以增进新时代青年对劳动价值观的认同。最后，将劳动价值观教育与实践活动、志愿活动、岗位实习融合起来，让大学生做到知行合一，可以提升新时代青年的综合能力，促进他们的全面发展。

高校大学生作为国家未来的栋梁之材，应该要自觉成为普通劳动者中的光荣一员。在学习生活中，大学生要做到尊重劳动活动，培养对劳动的敬畏，懂得珍惜他人辛勤劳动的成果，将热爱劳动的情感融入自己的血液和基因，进而转化为参与劳动的自觉和热情。

二、树立正确劳动价值观的意义

正确的劳动价值观可以促使人们积极地参与劳动，而错误的劳动价值观则会误导人们对于劳动的主观认知，妨碍人们参与劳动。青年大学生是中国特色社会主义事业的建设者和接班人，正确的劳动价值观不仅会对大学生的职业发展路径和未来生活质量起着正向影响的作用，还对中华民族的伟大复兴有着举足轻重的作用。

---

① 赵荣辉. 劳动教育的内涵、主旨与功用 [J]. 教育理论与实践, 2024, 44（5）: 3-6.

（一）有利于充分理解生命发展的需求

马克思指出，"通过劳动而生产自己的生命"[①]。这告诉我们人类的本质和生命是通过劳动才得以呈现的。通过劳动，个体方可有效融入社会生活，并且劳动也是个体实现自身全面自由发展的基本途径。大学生进入社会后，劳动不仅是他们谋生的手段，更是他们迈向自我实现目标的主要途径。树立正确的劳动价值观，可有效推动青年大学生全面发展，让大学生在劳动过程中体验生命，在创造性劳动中感受生命的意义。

（二）有助于发扬我国优秀传统美德

中华民族具有崇尚劳动的美德，长期辛勤的社会劳动创造了中华民族一次次的辉煌文明。纵观人类历史，民众只要同甘共苦、齐心协力，社会必定繁荣昌盛。例如，从传说中的大禹治水时起，杰出的氏族领袖们都能够"克勤于邦，克俭于家"（《尚书·大禹谟》）。一代又一代的中国人正是靠着这种勤学、勤劳、勤奋的精神，通过自身奋斗和艰苦实践，为达到百姓富足、国家强盛、民族兴旺的理想接续努力，才描绘了一幅中华民族兴盛不衰的宏伟历史画卷。树立正确的劳动价值观，有助于发扬中华民族传统美德，创造美好生活。

（三）有利于形成正确的就业观和创业观

当前，在高校毕业生中，所谓的"慢就业""懒就业"的趋势已经逐渐成为就业市场的一个棘手问题。这一群体的规模正在迅速扩大，其增长速度也相当快，可能会对社会的稳定和国家经济的长期可持续发展带来一些不利的影响。

另外，有小部分大学生在就业过程中容易出现眼高手低、被动就业等问题，有些大学生不愿意返乡就业，找工作注重工作环境和条件等外在因素，以致很难走上工作岗位实现角色转变。树立正确的劳动价值观，推动大学生实现从正确劳动分工认知向具体劳动行为的有效转化，能够使大学生形成积极向上的就业观和创业观，增强劳动适应能力，促进积极就业，帮助新时代大学生顺利融入社会劳动分工中，做到认真对待每一份工作和每一个岗位。

[①] 中共中央马克思恩格斯列宁斯大林著作编译局. 马克思恩格斯文集：第一卷 [M]. 北京：人民出版社，2009：532.

（四）有利于树立劳动幸福观

古语言，"民生在勤，勤则不匮"。真正的幸福是为他人、社会乃至全人类做出贡献。只有将个人的幸福与对人类社会的贡献相结合，才能实现最终的幸福。

然而，在经济全球化的背景下，中国正面临着日益复杂和多变的国际环境，新时代青年大学生接触的信息渠道变得日益广泛和多样化。这也使他们容易受到国内外各种错误思潮和陈旧观念的影响，如拜金主义、享乐主义和极端个人主义等。这些错误的人生观可能会侵蚀大学生的心灵，误导他们将对幸福的追求仅局限于享乐，而非通过劳动创造。因此，帮助青年大学生认识到幸福并非不劳而获，而是需要通过劳动来实现，进而树立正确的劳动幸福观，显得尤为关键。

衡量个人对他人、社会和全人类的贡献，关键在于个人通过劳动实践活动所创造的物质和精神财富。劳动不仅是创造财富的源泉，也是实现幸福的源泉。幸福和梦想不会无缘无故地降临，只有劳动才能实现我们的奋斗目标，开创幸福未来。因此，每一位青年大学生都应该树立正确的劳动价值观和幸福观，深刻理解劳动是通往幸福的唯一有效途径。这将有助于激发他们的劳动热情，释放他们的创造潜能，并通过劳动创造更加幸福的未来。

三、什么是劳动"四最"

（一）劳动最光荣

"劳动光荣"即崇尚劳动、尊重劳动，为了实现高质量的劳动，必须给予知识、技术与人才高度尊重。

董必武在其1949年7月17日致侄子董良埙的信中，针对当时社会中存在的轻视劳动的观念，明确提出必须纠正这种错误看法，强调以劳动为荣，认为除了疾病和年老体弱者外，不劳动者不应享有食物。他始终谆谆教诲和严格要求晚辈们，要"以劳动生活为光荣"。从董必武的信中，我们可以看出，劳动不仅是一种生存手段，更是一种价值观念和精神追求。中华民族以其勤劳和智慧，创造了辉煌的文明成就，这些成就无不体现着劳动的重要性和崇高性。无论是个人发展还是国家建设，整洁的教室、干净的街道、丰收的稻谷、大型公共设施的建设，都是人们辛勤劳动的结果。例如，三峡大坝的建设、港珠澳大桥的建成、复兴号高铁的运行、嫦娥四号探测器和神舟载人飞船的成功发射、中国空间站的实现,这些成就都是中国人民勤劳与智慧的体现,凝聚了广大劳动者的汗水与智慧。

因此,我们应当尊重和崇尚劳动,鼓励创新与创造,坚决反对任何轻视劳动的观念。让"劳动最光荣、创造最伟大"成为时代的主旋律,使"劳动光荣"成为中华民族每个成员的精神追求,共同促进社会的发展与进步。

【典型案例】

中山快递小哥:从业 13 年,几乎"零投诉"

周小洪,中山市韵达速递有限公司东区城东分部站长。从业13年来,由于爱岗敬业、责任心强,周小洪不仅当选为中国工会第十八次全国代表大会代表、中山市第十六届人民代表大会代表,还先后获得广东省五一劳动奖章、广东邮政快递行业"最美快递员"、全国五一劳动奖章等荣誉。

从业以来,每天早上7点,周小洪总是第一个到达服务网点。从分拨中心过来的蓝色卡车抵达后,周小洪就开启了忙碌的一天。卸车、分拣、扫描、装车、派件……他娴熟地整理好每一个快件,然后走街串巷去投送。

快递员周小洪对待经常寄送易碎品的客户非常负责,每次都仔细检查包裹快件,使得客户的易碎品都能顺利抵达。有的客户搬离了周小洪服务的街道,仍经常驱车找他寄件。一次,一名考取中山市公务员的客户因家人从老家寄送身份证时填写地址不详细,快递滞留在分拨中心,且临近入职截止时间。周小洪得知后立刻赶往分拨中心,花费五六个小时从万余件快递中找出客户的包裹。周小洪以认真负责的工作态度和高效的行动,为客户解决了难题,赢得了客户的信任和认可。

干一行爱一行!周小洪不仅努力提高自身职业技能水平,考取快递员中级资格,还带领团队不断提升整体素质,为客户提供优质高效的快递服务。尤其是2014年他走上管理岗位后,更加刻苦拼搏,狠抓服务质量,带领团队打造出中山市韵达第一个连年派件"零投诉"、客户满意度百分百的站点。

案例解析:本案例讲述了中山快递小哥周小洪的事迹。他对待工作认真负责,尤其是在处理客户的特殊需求时,展现出了高度的敬业精神和职业素养。周小洪的劳动不仅为客户解决了实际问题,也为自己赢得了良好的口碑和职业发展机会。无论从事何种职业,都应该像周小洪一样,认真对待每一个任务,用自己的实际行动阐释"劳动最光荣"的含义。

（二）劳动最崇高

党的十八大以来，习近平总书记礼赞劳动创造、讴歌劳动精神，提出"劳动是人类的本质活动"，强调"劳动是推动人类社会进步的根本力量"，指出"普通劳动者也可以在宽广舞台上展示自己的人生价值"，号召"大力弘扬劳模精神、劳动精神、工匠精神"，激励着更多劳动者特别是青年一代走技能成才、技能报国之路，在奋力奔跑和接续奋斗中成就梦想。无论是物质财富还是精神财富，都必须靠劳动创造。

劳动者的崇高，一方面体现在劳动者创造的成就上，另一方面体现在劳动者的精神境界上。在劳动者创造的成就方面，从一辆汽车、一架飞机、一辆坦克、一辆拖拉机都不能造，到构建起门类齐全、世界上最完整的现代工业体系，背后凝结着一代又一代产业工人的持续付出的劳动成果。华夏大地上，从春耕的忙碌到秋收的喜悦，粮食稳产增收靠的是无数耕耘者不怕辛苦、不畏困难、不断创新，不断挥洒汗水辛勤劳动。在劳动者的精神境界方面，社会中有很多不同种类的职业、不同的工作内容，但只要一个人能够通过辛勤劳动为社会、为他人做有益的事情，只要他有先人后己、克己奉公的思想境界，他就是一个崇高的劳动者。在抗击新冠疫情时不顾个人安危的逆行者，用无私奉献护住了我们家园的安全；在塞罕坝机械林场海拔1900米的月亮山上日夜值守的刘军、王娟夫妇，用15年的坚守，换来塞罕坝上的绿色；北京市东城区环卫服务中心时传祥所女子抽粪班班长李萌坚守岗位13年，每天背粪上百桶，总重量达5吨，用"宁可一人脏，换来万家净"的精神践行着自己的使命。所有的这些事迹都映照了劳动者的崇高思想境界，引人尊敬，启人奋进。

【典型案例】

身残志坚　温暖童心

温文娥，广东交通职业技术学院2003届会计1班学生，现任云浮市新兴县启智康复中心负责人（创办者）。康复中心从一无所有到生活、教学设备基本配备，温文娥一直在用真心为残障儿童撑起一片晴空，用爱心给残障儿童缔造一个温暖幸福的家，用恒心和毅力帮助这些孩子的家庭走出困境。2019年12月3日，是第28个国际残疾人日，温文娥被评为"广东省自强模范"。她参加广东省自强模范暨扶残助残先进集体和先进个人表彰大会，受到广东省委书记李希亲切会见，她的事迹被广东省残联专题报道。

儿时的一场高烧，导致她双腿残疾，但是她并没有气馁，而是选择积极乐观地生活。2006年从广东交通职业技术学院毕业后，在新兴县残联的帮助下，温文娥到县残联康复中心当了一名康复老师。"学到专业的康复技术，帮助身边的残疾儿童，让他们享受健康，享受幸福"，是她的工作目标。

两年间，她帮助了4个孩子通过系统训练获得康复，使他们能像平常孩子一样回到普通小学读书。这一小小成就，给予了她莫大的信心。由此，她萌生了在当地开一家康复中心的想法。创业初期，开展工作极其艰难，而且需要资金的辅助，但是这些困难都没有打败她，她一路坚持，坚信自己的梦想一定能够实现，一定能圆残疾儿童康复之梦。她要以自己的经历告诉所有的残疾儿童，不要放弃康复训练。

温文娥曾说道："我是一名残疾人，更是社会的一分子，我要以自强不息的精神，为残疾人事业的发展出资出力，早日圆残疾儿童康复之梦。"

温文娥创办了启智康复中心之后，带领着其他几位老师每天都尽职尽责、无微不至地照顾孩子们，她们默默无闻，很多时候甚至牺牲自己的休息时间，只为了让孩子们能够更快康复，让孩子们得到更多的关爱。她们不仅是老师，更像是母亲。

案例解析：习近平总书记指出，"中华民族自强不息、厚德载物的思想，今天依然是推进改革开放和社会主义现代化的强大精神力量"[①]。当代中国的劳动人民身上体现出不畏艰辛、勇于创新的崇高精神，源于中国传统文化中关于自强不息的思想理念，如"君子之守，修其身而平天下"。

温文娥虽然身患残疾，但从不曾放弃自己。毕业后，她学习专业的康复技术，创办启智康复中心，通过自己的劳动付出，克服困难，用真心为残障儿童撑起一片晴空。在她身上，我们不仅可以看到自强不息的精神，也可以看见劳动者的崇高境界。

（三）劳动最伟大

习近平总书记指出："劳动是人类的本质活动，劳动光荣、创造伟大是对人类文明进步规律的重要诠释。"职业院校学生的劳动价值观核心内容之一就是要在大格局、宽视野之下认识劳动的本质和价值，学会尊重劳动、崇尚劳动，懂得"劳动最伟大"。

---

① 习近平在会见第四届全国道德模范及提名奖获得者时强调——深入开展学习宣传道德模范活动 为实现中国梦凝聚有力道德支撑［J］. 职业技术，2013（10）：4.

劳动最伟大的含义包括以下三个方面。

（1）劳动可以创造并实现价值。劳动是人类创造物质财富和改善生活的基本手段。通过辛勤劳动，劳动者可以开发和利用资源，生产商品和提供服务，满足人们的基本生活需求；还可以通过不断地改进生产技术和工艺，提高生产效率和生产力，实现社会的发展和进步。

（2）劳动可以实现个人自我价值。劳动是个人实现自身潜力和价值的途径。每个人都是有尊严的生命体，都有自己的特长和技能，可以通过劳动发挥自己的特长和技能，实现自我成长、发展和实现。另外，通过劳动还可以逐步增强精神修养，进一步增强劳动意识，培养劳动情怀、涵养劳动品质，牢固树立劳动收获财富、劳动铸就人生的正确事业观。

（3）内在逻辑与生动体验。劳动能使人快乐，也能给人带来精神上的享受，例如满足感、成就感和自我肯定，给人们带来积极的内在体验。孟子说，"天将降大任于斯人也，必先苦其心志，劳其筋骨，空乏其身，行拂乱其所为"。劳动使人懂得生命的本质，培养意志和毅力，甚至使人感受到生命的意义。在劳动过程中，个人可以通过不断学习和实践提升自己的能力和技能，收获成长和进步的乐趣。

【典型案例】

大国工匠高凤林：愿意贡献、善于贡献，这就是"匠心"[①]

"像火箭一样燃烧自己，靠的是匠心，成的是工匠。"2022年9月2日，中华全国总工会副主席（兼）、"大国工匠"高凤林在首届大国工匠论坛现场访谈中表示，打造人才高地，也要打造奉献高地，才能实现高质量发展。

高凤林是中国航天科技集团有限公司第一研究院211厂航天特种熔融焊接工、首席技能专家。长三甲系列运载火箭、长征五号运载火箭的第一颗"心脏"——氢氧发动机喷管，都在他手中诞生。

从业航天特种熔融焊接40多年，高凤林为90多发火箭焊接过发动机，攻克了航天焊接难题200多项。

2006年，由16个国家和地区参与的反物质探测器项目，因为低温超导磁铁的制造陷入了困境。就在所有人一筹莫展时，诺贝尔奖获得者丁肇中教授找到了高凤林，请他助一臂之力。经过现场调研后，高凤林创新设计方案，顺利通过评审，制造难题迎

[①] 彭雅惠，曹娟，刘奕楠. 高凤林：愿意贡献、善于贡献，这就是"匠心"[N]. 湖南日报，2022-09-03.

刃而解。

高凤林在国际上打出了"中国焊将"之名。声名远扬后,有外企开出八倍于其工资的高薪、承诺解决住房问题"挖"高凤林跳槽。他毫不犹豫地拒绝了。"我的国家,因为我的努力而强大,这才是我的骄傲。"高凤林说,中国载人航天工程在起步晚、基础弱、技术门槛高的情况下启动,仅用20多年就敲开了建设空间站大门,这是一个奇迹,造就奇迹的正是无数航天领域工匠的奉献精神。

"一个国家、一个地区的发展,不仅需要高技能人才的技能,还需要他们愿意贡献、善于贡献,这就是'匠心'。"高凤林认为,推动产业工人队伍建设改革走实、走深、走心,为工匠量身定制晋升及薪酬、奖励政策,才能引领全社会尊重劳动、热爱劳动、崇尚劳动的氛围。

案例解析：中国梦代表着全体中国人民的共同愿景,中国特色社会主义事业为每个人提供了展示才华和实现梦想的平台。每个人都有权利追求自己的梦想,而梦想的实现需要通过勤奋、诚实和创新的劳动达成。成功不会降临于那些坐等机会的人,而是青睐于那些愿意奉献、敢于创新的奋斗者。高凤林的事迹生动地向我们展示了,只要辛勤劳动、精益求精,再不起眼的工作岗位也能爆发出大大的能量。职业没有高低贵贱之分,只要我们勤奋劳动、热爱劳动、诚实劳动,就能在平凡的岗位上创造出不平凡的业绩。通过劳动,高凤林不仅实现了个人价值并获得满满的成就感和幸福感,还为中国航天事业奉献了自己的力量,这正是"劳动最伟大"的切实体现。

（四）劳动最美丽

如果要问世界上什么最美丽,那就是劳动最美丽。高尔基曾经说过,劳动是世界上一切欢乐和一切美好事物的源泉。

无奋斗,不青春,没有奋斗的青春,不是完美的青春,只有奋斗的青春才最美丽。大学生要通过辛勤劳动、诚实劳动,树立最美的劳动价值观,勇于参加社会实践活动,积极参与社会公益活动,一切从实际出发,做有追求的劳动者,做最美丽的劳动者。

平凡而普通的劳动者为什么能够感动社会、感动中国？从近年来开展评选最美职工、最美"村官"、最美奋斗者等活动,我们可以看出,劳动者在工作中体现了责任与担当,把劳动当成人生最大的价值,把劳动当作立身处世的最大美德,恪尽职守、无私奉献、爱岗敬业、精益求精,在平凡中彰显不凡,在干事创业中建功立业,从而树立了最美的形象。比如，掏粪工时传祥，他用自己的辛苦，为他人换来了卫生洁净的生活环境。他身上时常有挥之不去的臭味，但他的内心世界是最香甜的。再如，抗击新冠疫情的护士们，虽然被防护服遮住了脸庞，但他们在我们眼中依然那么美丽，那是因为透过防护服，人们看到了他们美丽的心灵。

【典型案例】

迎风战雪守护平安路——记全国"最美职工"李长青[①]

新疆塔城地区额敏县玛依塔斯风区，每年超过150天刮着8级大风，积雪可达七八米，素有"魔鬼风区"的称号。"90后"公路人李长青坚守于此十余载，参加防风雪保交通工作700余次，救援旅客2.5万余人次。

2011年，李长青进入塔城公路管理局额敏分局，被分配到防风雪抢险基地，和父亲成了同事。

防风雪抢险基地承担着省道201线、省道318线等103千米风雪路段的抢险保通任务。12年来，李长青和同事们每年在完成夏季繁重的养护工作后，11月初到基地驻守，一直到次年3月，一待就是5个月。其间，他们驾驶各种车辆设备与暴雪搏击、与狂风抗争，打通一段又一段雪阻路，为驾乘人员的安全出行保驾护航。

2012年1月，李长青第一次参加抢险救援。那天，省道201线玛依塔斯风区大风持续肆虐。凌晨4时许，防风雪抢险基地的18名救援人员完成一次救援刚回宿舍，新的救援任务又来了。躺下不到半个小时便被父亲李建成叫起来，李长青抱怨："难道就没有休息的时候吗？"李建成语重心长地说："除雪保畅是我们的工作，抢险救援是我们的责任，你既然选择了这份工作，就要安安心心、踏踏实实地干好它。"李长青揣摩着爸爸的话，再次闯进风雪夜，开着除雪车在两米深的积雪中走了几个小时，找到被困车辆时，车上乘客感动得快要哭了。李长青从除雪车上下来转移被困乘客，狂风裹挟着暴雪扑面而来，能见度几乎为零，风速快到让人无法呼吸，他只能走几步路然后背过身来深吸一口气再继续走。他们一夜的忙碌，换来30余辆车和乘客的平安。

12年来，李长青兢兢业业坚守"魔鬼风区"，跟随父辈的脚步，传承劳模精神，获得过许多荣誉。面对成绩和荣誉，他坚定地说："我会继续坚守风区，守护群众平安路。"

案例解析：李长青的事迹告诉我们，劳动者创造美丽的世界，描绘着绚丽多彩的

---

① 石榴云. 迎风战雪守护平安路——记全国"最美职工"李长青[N]. 新疆日报，2023-05-02.

人间生活，但他们的内心世界更加美丽。在"最美职工"李长青身上，无不存在着令人敬佩的劳动精神。当代大学生要弘扬劳动精神，做到尊重劳动、热爱劳动、诚实劳动，要懂得劳动者是最美丽、最崇高、最伟大、最光荣的；要追求精益，不负韶华，做真善美精的追梦人。

四、实践体验

本次实践体验活动为运输与经济管理学院"校园吉尼斯"系列挑战活动。

（一）活动概况

"校园吉尼斯"系列挑战活动是运输与经济管理学院结合自身办学理念、育人模式、社会评价以及长期以来的服务宗旨，以学生会各部门已形成的文体艺术传统活动为基础，以社会对精尖人才的需求为导向而进行的校园文体艺术活动形式与活动品牌的创新和适应社会发展需求的变革。此项活动以传统的校园文化艺术活动为基础，在各类活动基础上设置一些极限挑战，目的在于激发学生个人潜能，引导学生挑战自我、突破自我，彰显学生青春魅力与活力，提升学生的创新意识和荣誉感，弘扬正能量。

2020年12月至今，共开展系列挑战活动5期，类目近30项，涵盖体育竞技、脑力挑战、生活习惯、创新创造、团队合作等五大类。因为学生可以根据自身个性和特长充分施展才华，加之项目具有竞争性、趣味性以及广泛的参与性、高度的创新性等特点，活动吸引了数量可观的学生参加，极大地丰富了校园文化活动。

"校园吉尼斯"系列挑战活动以运输与经济管理学院团委学生会及学生十大工作室传统的文体艺术活动为基础，在各项活动正常开展的基础上，增加竞赛环节，设置一些趣味性比较强加之可以挑战极限的活动。首先挑战活动可以突破体育领域，延伸至艺术和日常生活中，例如"最强大脑""最快记单词""最快成语接龙"等。其次，将第一阶段的挑战中，获得"之最"选手的成绩在公告栏公布，以吸引其他有类似技能和兴趣爱好的学生挑战，增强学生的突破意识。最后，总结经验，尝试将"校园吉尼斯"系列挑战活动推向全院，增强活动本身的广泛性和影响力。

本项目建设的内容涵盖校园文化活动的方方面面，具体内容如表2-1所示。

表2-1 "校园吉尼斯"系列挑战活动内容

序号	活动类别	活动内容	培养目标
1	体育竞技类	疾风奔投（三步上篮）、罚篮绝杀（一分钟罚球）、单指飞旋、胯下运球、颠球争锋、蛙跳王、百米飞人、花毽劲舞、袋鼠跳、袋鼠运瓜、耐力跳绳、仰卧起坐、俯卧撑、引体向上等	养成锻炼习惯，提高身体素质
2	学习类	成语接龙、汉字认读、数字记忆、瞬时记忆、限时背单词、24点速算王、限时电脑打字、速查字典、识别国旗、背圆周率、地图拼图等	提升学习能力，丰富文化知识
3	生活习惯类	内务整理、削果皮、穿针引线、手指顶扫帚、速穿鞋带、五分钟钉纽扣等	提升生活能力和生存能力
4	创新创造类	数轴自由拼凑创新类、易拉罐叠罗汉、30秒数字速记、报纸时装秀、课本盖房子等	培养创新思维、提升创新能力
5	团队合作类	搭桥过河、同起同坐、捆绑行动、滚雪球行动、10人11足等	培养团队协作能力，增强团队合作意识

表2-1为基本的项目和内容，"校园吉尼斯"采取固定挑战与个人申报相结合的方式举行，固定挑战项目即学院传统的挑战项目，个人申报项目为个人在各种竞技中自由选择挑战项目（需要主办方审核通过方可参加）。挑战赛的举办时间为分团委学生会及学生工作室每年定期举办本部门特色活动的时间，挑战之前的训练采取个人自由训练模式，学院根据实际条件和个人训练需求为挑战者提供训练平台。

（二）具体活动

1. "校园吉尼斯"挑战之投壶大比拼

1）比赛要求

①一组为两个选手，该组选手登记后，进入赛场。准备完毕后，裁判吹哨计时，开始投掷且为单手投掷，在投掷过程中，双脚不可以超过或踩到投掷线（图2-1）。

②开始计时，一分钟以内必须投掷完成，一个选手配一个计时裁判，参赛选手要在计时裁判的监督下完成比赛。

③各计分裁判将所负责的选手的成绩报告至统计处记录。

④下组依次比赛。所有选手比赛完毕，将成绩依次排序，投进最多且用时最少者获胜。（投中最多且用时最少者定为本次比赛第一名。成绩相同者进入加时赛环节，直至分出胜负为止。）

2）活动规则

①参与比赛者有八支箭进行投壶，投完即可，八支箭投完立即暂停计时。

②用时少者且投进数量多为获胜者，以该比赛单位中选手的成绩为依据排列名次。

2. "校园吉尼斯"挑战之单脚踢足球大作战

1）比赛要求

①分组进行，每组1人，同时比赛，在规定范围内单脚运足球按照指定路径运完一圈，所用时间最短者获胜。

②选手必须沿着规定范围运球，超出区域即淘汰，不得越界。

③踢球时必须是单脚的状态，运球过程中如足球脱离掌控出界，可借助工作人员将球踢回区域范围，在规定范围内继续比赛，直至到达终点，比赛结束（图2-2）。

④比赛时间结束时，应停止比赛，比赛时间结束后的运球距离无效，不计入成绩。

⑤比赛过程中不得故意干扰其他选手比赛，不得破坏比赛道具。

2）评选要求

在规定范围完成运球一圈，时间最短者获胜，若时间相同则并列排名。

3. "校园吉尼斯"挑战之背对背夹球大赛

1）比赛要求

①参赛者背对背，互相挽住对方的手臂，中间夹一个气球，站在起跑线后（起点到终点的距离为10米）。比赛开始，二人迅速侧身向前跑，跑到终点将气球放在纸箱里得1分。放完气球可松手跑回起点，在起点重新夹气球跑向终点，以比分获得多者（即入球个数多者）胜利（图2-3）。

②参赛者要自行组好队，两人为一小组（小组成员不限制性别）。

③各参赛人员提前10分钟到场进行报到（规定时间内未到者即视为弃权），计时裁判吹哨，开始比赛，比赛时间为1分钟，比赛结束口哨声响起，比分定局，不再改变。

④一组选手配一个计分裁判。裁判在计分的同时也要计时，还要监督参赛选手按照要求完成比赛，计分裁判要当场上报成绩分数。

图2-1　投壶大比拼　　　　图2-2　单脚踢足球大作战　　　图2-3　背对背夹球大赛

2）活动规则

①前往终点时不得松开手臂，且挽住的手要露出来让裁判看到。

②球若掉下，必须回起点重新开始。

③气球不得爆炸，若爆炸需回起点重新开始。

（三）活动成效

"校园吉尼斯"系列挑战活动是在课堂教学及传统文体活动的基础上延伸出的一种活动，学生可以根据自身个性和特长充分施展才华，发现自己的个性优势和特长。整个活动可以有效带动学生参加活动的积极性，并增加课外活动的趣味性和观赏性，在校园里形成快乐学习、积极锻炼、用心生活、团结协作的良好氛围，使每位参与者从中受益、健康成长。项目的竞争性、趣味性、参与性、创新性等特点，对参与者和组织者产生了积极而乐观的影响。

第三章　立足新时代，弘扬劳动精神

导　语：

习近平总书记指出："劳动是人类的本质活动，劳动光荣、创造伟大是对人类文明进步的重要诠释。"人的进步是劳动工具和劳动方式的进化，人类及人类文明的一切成就都源自劳动创造。劳动是真正属于人的本质力量。中华民族以劳动为重，擅长劳动，由此孕育出了璀璨的古代文化以及现今的"中国奇迹"。泱泱中华上下五千年，从河姆渡、半坡聚落，到夏商周，再到先秦两汉及唐、宋、元、明、清、民国，直到如今新时代，一项项物质文明和精神文明成果无一不在向人们昭示着：劳动创造幸福生活。劳动是一切成功的必经之路，人只有通过辛勤劳动、诚实劳动、创造性劳动，才能实现自己的人生价值。

一、劳动精神的内涵

2018年9月10日，在全国教育大会中，习近平总书记指出，"要在学生中弘扬劳动精神，教育引导学生崇尚劳动、尊重劳动"。2020年3月，中共中央、国务院发布《关于全面加强新时代大中小学劳动教育的意见》（以下简称《意见》），明确提出了劳动教育总体目标：通过劳动教育，使学生能够理解和形成马克思主义劳动观，牢固树立劳动最光荣、劳动最崇高、劳动最伟大、劳动最美丽的观念；体会劳动创造美好生活，体会劳动不分贵贱，热爱劳动，尊重普通劳动者，培养勤俭、奋斗、创新、奉献的劳动精神；具备满足生存发展需要的基本劳动能力，形成良好劳动习惯。《意见》赋予劳动精神以全新的精神要义和时代内涵，为中国高等教育有重点地开展大学生劳动教育、培养造就肩负民族复兴大任的时代新人提供了现实着力点。

2020年11月24日，习近平总书记在全国劳动模范和先进工作者表彰大会上，明确地将劳动精神的内涵概括为四个方面——崇尚劳动、热爱劳动、辛勤劳动、诚实劳动，为人们正确理解劳动精神提供了根本的遵循。这四个方面分别反映了劳动精神的四个层面，其中，崇尚劳动反映的是劳动者的价值取向，热爱劳动反映的是劳动者的思想态度，辛勤劳动反映的是劳动者的行动表现，诚实劳动反映的是劳动者的道德品行。2021年9月，党中央批准了中央宣传部梳理的第一批纳入中国共产党人精神谱系的伟大精神，劳动精神被纳入其中。

（一）崇尚劳动

"崇尚劳动"是指树立推崇提倡劳动的正确价值观。崇尚劳动就是充分认识到"劳动最光荣、劳动最崇高、劳动最伟大、劳动最美丽"的价值理念，从而因尊重而推崇、提倡劳动，以满足劳动者对劳动的热切期望。马克思认为，劳动不仅是谋生的手段、幸福的源泉、价值的来源，还是推动人类社会发展的强大动力和彻底解放人类的必要途径。

随着历史的演进，人类的需要向实现更高级的自我价值跃进，劳动能够帮助人树立正确的价值观、助力人的全面发展、实现人的社会价值。无论是凌晨开始清理街道的环卫工人，还是风雨无阻的外卖员；无论是在田间辛苦劳作的农民，还是全力攻坚克难的科研人员……不同的人群里，各行各业的劳动者都在用奋斗充实自己、创造价值，全力奔向幸福的彼岸，成就了新时代最美丽的风景线。

2010年，戴振涛接到了我国首台航母阻拦机的安装任务。多年来，不断地测量、计算、调整是他最重要的工作，他在十几年的时间里积累了上百万的数据，而这些枯燥单调的数据分析也支撑着航母阻拦机的安装。2012年11月23日，歼-15战斗机首次在辽宁舰的甲板上被阻拦索稳稳拉住，成功着陆。这一次次的成功正是源于戴振涛十年如一日，不怕枯燥，不怕单调，执着坚守的精神。在一个国家、一个民族的发展中，也正渴望千千万万像戴振涛这样的人在平凡的岗位创造不平凡的成绩，为我国制造高质量发展保驾护航。

（二）热爱劳动

"热爱劳动"是指培养强烈喜爱劳动的劳动态度，促使劳动者能够自愿自觉、积极主动地参加劳动、喜爱劳动。只有热爱劳动，人们才能吃苦耐劳、任劳任怨、不计报酬、不计代价。热爱劳动是中华民族的传统美德和优秀文化基因，同时也是党和国家对广大劳动者的殷切希望。

【典型案例】

大国工匠艾爱国：当工人就要当一个好工人

"七一勋章"和第八届全国道德模范（全国敬业奉献模范）称号获得者艾爱国，是湖南华菱湘潭钢铁有限公司焊接顾问。"焊花"激扬，初心不改，50多年来，他秉持"做事情要做到极致、做工人要做到最好"的信念，在焊工岗位无私奉献，集丰厚的理论素养、实际经验和操作技能于一身。他热爱劳动，攻关克难，凭借高超技能为我国冶金、矿山、机械、电力等行业攻克技术难关400多个。多年来，作为焊接领域的"领军人"，他倾心传艺、认真钻研，在全国无私培养了焊接技术人才600多名。

案例解析：艾爱国是热爱劳动的榜样，在普通的岗位上勤奋学习、忘我工作，为党和人民做出了重要贡献。劳动没有高低贵贱之分，三百六十行，行行出状元，不论身处什么行业，只要付出足够的热爱与智慧，干一行、爱一行、钻研一行，就必然可以在平凡的岗位上做出不平凡的成绩。

（三）辛勤劳动

"辛勤劳动"是指坚持勤劳而努力的劳动状态，是对劳动过程及其强度的充分肯定，表明充分遵循劳动的客观规律以及要达到的劳动强度。功崇惟志，业广惟勤。无论是体力劳动的辛勤和汗水，还是脑力劳动的智慧和心血，都是辛勤劳动的体现。

2021年8月19日上午，"义新欧"中欧班列（义乌）累计开行突破3000列（图3-1），这一重大突破不仅是节点，更是新时代的新起点。当天早上，一趟载着100标箱车辆整机、棉衣羽绒服、健身器材、游戏机等商品的"义新欧"中欧班列，由铁路义乌西站启程，经新疆霍尔果斯铁路口岸出境，驶向德国罗斯托克港。被誉为"世界小商品之都"的义乌之名来之不易，义乌人从过去拿着拨浪鼓走街串巷，在路边支起小摊卖着红糖、草纸，再到如今家喻户晓，建成全国最大的小商品批发市场，并且进军海外市场，义乌人艰苦创业并将义乌发展壮大的奥秘，就是辛勤劳动。

图3-1 "义新欧"中欧班列(义乌)累计开行突破3000列

(四)诚实劳动

"诚实劳动"是指对劳动者诚信踏实的劳动品德的客观要求。所谓诚实劳动,就是踏实地劳动,实在地工作,不弄虚作假,不投机取巧,不自欺欺人,不搞形式主义,不贪图不劳而获的生活。诚实,是社会的基本道德规范和要求,诚实劳动,既是个人、企业和组织长足发展的重要基础,也是社会良性运行的根本保障。

人无信不立,业无信不兴。1985年,海尔集团(前身为青岛电冰箱总厂)总裁张瑞敏的一位好友打算在厂里购买一款冰箱,结果挑了很多台电冰箱都发现电冰箱有问题。朋友走后,张瑞敏把厂里的400多台冰箱都检查了一遍,结果发现共有76台冰箱存在大大小小的问题。当时1台冰箱的价格是800多元,相当于一名职工两年的收入。张瑞敏说:"我要是允许把这76台冰箱卖了,就等于允许你们明天再生产760台这样的冰箱欺瞒消费者。"他亲自抡起大锤子砸下了第一锤,并告知员工,有缺陷的产品就是废品,废品便不能销售,用行动告诉消费者:海尔绝不损害消费者利益。张瑞敏的果敢刚毅体现的正是诚实劳动的精髓,他的经营理念体现了诚信的内涵——只有内诚于己,才能外信于人。零缺陷其实是海尔对顾客的一种承诺,张瑞敏砸冰箱,不仅体现了他诚信经营的可贵,更是体现了他的长远发展目光。正是凭着"以质量求生存、靠信用闯天下"的原则,海尔成为国际知名品牌。

二、劳动精神的时代价值

劳动创造了人、创造了人的本质，也创造了物质财富和精神财富。无数历史证明，劳动精神是中华民族赖以生存与发展的精神纽带，也是推动党和国家事业兴旺发达的精神动力，弘扬劳动精神具有时代价值。当前，我国处于新时代背景下，社会、经济等许多方面都出现了新的变化，对人才培养也提出了更高的要求。加强大学生劳动精神的教育，无论是对大学生个人发展，还是对社会的价值观弘扬，抑或对国家的发展和建设，都有着至关重要的作用。

（一）弘扬劳动精神有利于促进大学生全面发展

当前，我国的教育目标是培养德智体美劳全面发展的学生，而弘扬劳动精神在塑造品德、增强智力、强健体魄、培养美感等方面都发挥了重要作用。作为国家建设的青春力量，大学生肩负着历史使命，培养大学生劳动意识有助于促进大学生健康成长，弘扬社会主义核心价值观。

对大学生进行劳动精神教育，有利于大学生坚持正确的劳动思想，提高劳动素质，辨别并远离功利思想和拜金主义风气。此外，弘扬劳动精神还可以帮助大学生了解社会发展的需要和时代前进的需求，养成大学生强烈的责任感和使命感，担负时代重任，在新时代、新征程上拼搏奋斗。所以，弘扬劳动精神，培育劳育行为，形成正确的劳动价值观，对大学生全面发展至关重要。

【典型案例】

"盾构机"守护神陆凯忠：从一名技校生到全国劳模

陆凯忠，从一个技校毕业生，到成长为工人技师，再到成为全国劳模，一路走来，无不体现着劳动精神的重要性。陆凯忠在工程的锤炼中，潜心钻研盾构机电气控制技术，不辞辛勤实干，攀峰登顶，最终在职业中成长成才，达到了自己"做新时代知识型、智能型技术工人"的目标。他大胆创造，发明了国内首创的"网格式盾构水力机械（PLC）自动控制系统""节电、节水控制器""盾构触摸式自动操作屏"。

一台从日本进口的盾构机在上海地铁8号线掘进过程中，频频报警停机。日方束手无策，陆凯忠凭借丰富经验，反复检查研究，确定油压过低，却拿不出有力的论证。日方拒绝承认设备有问题，并认为操作说明书也不会存在错误。陆凯忠经专家协助算出准确的数据后,终于让日方承认是其操作说明书上的参数有误并立即更正。这一事件使陆凯忠成为更改日本厂商设备说明书的第一人。通过这件事情,他意识到自己的理论知识不足,先后考入上海理工大学和华东理工大学学习深造。

一次冬季施工,盾构设备泥浆搅拌机的搅拌棒掉落并卡在1米深的泥浆池中,装置停止了运转。日方抢修方案既影响工程进度,又造成环境污染。陆凯忠以企业利益为先,当着日方技术人员的面,果断跳入冰冷的泥浆池中进行维修,完全凭着手感和经验,在冰冷黏稠的泥浆中进行了一个多小时的排摸、故障处理,恢复了设备的运行。他用实际行动给对方上了一堂生动的爱岗敬业教育课。

在福州地铁1号线施工过程中,机器出现重大故障,被称为"世界级难题",可能会带来巨大的经济损失和不良的社会影响。陆凯忠反复研究,采取临时措施,整整一个多月没日没夜地边施工边维修,双手接触泥浆、油液的时间比接触空气的时间都长。陆凯忠硬是靠着不达目的决不罢休的精神挽回了巨大的经济损失,顺利完成施工。

案例解析:陆凯忠一方面始终坚持终身学习的理念,不断学习创新,刻苦钻研,提升自我;另一方面,他心怀职业敬畏和对工作的热爱和忠诚,在岗位上勤勤恳恳,精益求精,一丝不苟,实现自我突破和技术创新,为盾构机行业的技术创新屡立新功,为国家事业奉献自己。他用实际行动呈现了一位普通人31年来不断超越自我、开拓创新,蜕变成为行业领军人物的成长历程。他从技校生进修为本科生,从单打独斗到创建劳模创新工作室,从技术工人成长为行业领军人,成为国内盾构机技术的"最后一扇窗",在小岗位上展现大智慧,在平凡的岗位上做出不平凡的成就。

(二)弘扬劳动精神有利于落实立德树人的根本任务

立德树人是教育的根本任务,是高校的立身之本。进入新时代以来,教育事业越来越受到党和国家的重视,党中央为高校教育工作指明了前进方向。高校肩负着"为党育人、为国育才"的重任,劳动精神培育有利于提高学生道德品质,实现立德树人的根本任务。

弘扬劳动精神有利于高校思想道德建设。提高学生热爱劳动、塑造辛勤劳动的品质,不仅可以提升学生的思想觉悟,培育高尚的道德情操,还可以进而推动高校思想道德建设,落实立德树人的根本任务。如今,在社会上部分不良思潮的影响下,部分大学生的劳动价值观也产生了一些偏差,比如滋生"躺平"、歧视体力劳动者等错误思想，不利于其个人发展。对此，弘扬劳动精神，做好大学生劳动精神的培育工作，有利于培育大学生勤奋努力、诚实劳动的优秀品格，进而推动高校的思想道德建设。

【典型案例】

"00后"在世界技能之巅：故事终章与新的起点[①]

2024年9月15日晚，在法国里昂举办的第47届世界技能大赛（以下简称"世赛"）落下帷幕。烟火之下，一张张年轻面孔披上五星红旗，胸前一抹金色，赢得世界的喝彩。里昂夜间的凉风吹过火热的体育场，两年一度的世赛又一次走到故事终章。这晚，中国代表团收获了36枚金牌、9枚银牌、4枚铜牌和8个优胜奖。

曾经，他们用五年，或是更长时间，从略带懵懂地迈步登山开始，一路拼到山巅。有太多关于"不容易"的故事被书写：有人从贵州农村走出，有人曾沉溺网络游戏，也有人因错失了第一志愿才接触到后来所学的技能。天道酬勤，如今他们是各自领域里全世界最"能"的"00后"。其中，工业4.0项目选手谢辉铉和卢俊威再一次为中国取得阿尔伯特·维达大奖——代表所有项目参赛选手中的最高分，被誉为"金牌中的金牌"。

朱俊峰2002年出生，在贵州遵义的农村长大，父母常年在外打工，他便一直跟着爷爷奶奶。小时候家里经济状况并不好，朱俊峰喜欢玩具车就得自己动手制作，简陋的木头玩具车似乎从那时起就已经成为一种预言。

在他的记忆里，爸爸大概一年也就回家一两次，初中之后，那个父亲的形象才逐渐清晰起来。中考过后，普高的学费成了一道阻碍，朱俊峰便听从爸爸的建议进入职校学习汽修。那时的他对前路没什么想法，但现在看来这是一个无比正确的决定。2018年朱俊峰来到上海，凭借出色的学习表现，在次年进入车身修理项目上海集训队。

刻苦训练是一种日常，锯割、焊接、打磨、胶粘……操作间里的枯燥和艰辛从早上7点半持续到晚上10点。除了汗水之外，朱俊峰也看到自己在心态上的成长。世赛前一个月，他开始主动与教练建立沟通，共同解决问题。如今载誉而归，朱俊峰已无需再证明什么。当被问及金牌于他而言的最大意义，他的回答是"内心的满足感"。对于这个从贵州农村走出来的少年，那股伴随他一路成长的"劲"终于落到实处，或许

[①] 蒋乐来．"00后"在世界技能之巅：故事终章与新的起点［EB/OL］．（2024-09-29）［2024-11-05］．https://m.thepaper.cn/newsDetail_forward_28889182．

比一切都有意义。

案例解析：朱俊峰等"00后"能够突破成为世界技能大赛冠军，靠的是一颗充满正能量的心和不断追求卓越的辛勤努力，是当代大学生的榜样。时代呼唤精英，在新时代，大学生必须发扬劳动奉献精神，彰显执着专心、精益求精的实干负责态度，弘扬锲而不舍、崇尚卓越的精神品格，争做新时代背景下的"最美大学生"。

（三）弘扬劳动精神有利于营造尊重劳动、热爱劳动的良好风气

大学生不仅是祖国的接班人和建设者，更是时代发展所需的高素质人才。积极倡导并培育劳动精神，不但可以使大学生在生活中践行劳动精神，还能够促使大学生自觉在全社会弘扬正确的劳动思想观念，有利于营造积极的社会风气。

大学生是未来国家建设的中坚力量，需要起到带头作用、骨干作用和桥梁作用。一方面，要培育他们勤俭、努力、创造、敬业的劳动品质，增强他们为社会做贡献、帮助他人的情怀与能力。另一方面，需要让大学生从劳动精神中感知生活的本质，了解社会，明确未来奋斗的目标。有了劳动精神的指引，大学生才能积极学习和提升技能，勇于创新，更好地为社会服务，进而推动全社会营造出崇尚劳动、热爱劳动、辛勤劳动、诚实劳动的风气。

【典型案例】

一位走上万国邮联讲台的乡邮员

王顺友（1965—2021），出生于中国四川省凉山彝族自治州木里藏族自治县，2004年10月加入中国共产党。他被誉为中国邮政"马班邮路"忠诚信使，长期从事木里县城至白雕、三角垭、倮波乡等地的马班邮路投递工作，坚守这一岗位长达32年。2019年9月25日，王顺友获"最美奋斗者"个人称号。

在青藏高原和云贵高原的接合处，就是王顺友工作过的地方——木里藏族自治县。这里是横断山脉在四川境内最典型的地带，高山连绵起伏，平均海拔3000多米，绝大部分有4000多米。这里群山环抱、地广人稀，曾经除了县城之外，15条邮路全部是马班邮路，当时很多乡镇都不通公路、没有电话，散居在大山深处的群众和乡政府与外界联系的重要桥梁就是乡邮员。当年，19岁的王顺友从当乡邮员的老父亲手里接过了马缰绳，成了木里县马班邮路的乡邮员。父亲叮嘱他："送信就是为党做事，为党做事的人要吃得起苦。"

从此，王顺友一个人，牵着一匹马，驮着邮包，默默地穿行在绵延数百千米的雪域高原上。这一路，他要翻越十几座海拔不一的高山。不必说野兽出没的原始森林，也不必说随处可见的险峻沟壑，单单说那因高度而变化的气温，就令人难以忍受。在察尔瓦山上，气温零下十几摄氏度，冻得人发抖；在雅砻江河谷，气温却超过四十摄氏度，热得人冒汗。父亲那句沉甸甸的嘱托，成了王顺友的精神支柱。他这一走，就是20多年。王顺友说："我要继续走好邮路，走到走不动为止。"万家灯火团聚时，王顺友只能一个人蜷缩在山洞、牛棚、树林或露天雪地里，与马相伴。

30年来，他在雪域高原跋涉了26万千米，相当于走了21趟二万五千里长征、绕地球赤道6圈。他每年投递报纸8000多份、杂志700多份、函件1500多份、包裹600多件，正是因为他极度负责的工作态度，他没有延误过一个班期，没有丢失过一封邮件，没有丢失过一份报刊，投递准确率达到100%，为中国邮政的普遍服务做出了最好的诠释。

案例解析：尽管他在漫长的邮路上遇到过无数困难与危险，却没有因此延误过一个班期、丢失过一封邮件，创造了投递准确率100%的业绩。他用自己的双脚，走出了一条群众联系亲人的"幸福路"、了解山外世界的"信息路"、学习科学知识的"致富路"，也走出了一条共产党员联系群众的"情感路"、完成崇高使命的"责任路"。从王顺友的漫漫历程，我们可以感受到，只要每个平凡的人都尽自己所能为社会贡献，便都能在社会中营造尊重劳动、热爱劳动的社会风气，如此才可以确保国民经济和社会发展处于积极健康的状态，造福于民，实现民族复兴。

（四）弘扬劳动精神有利于实现中华民族伟大复兴中国梦

2016年4月26日，习近平总书记在安徽同知识分子、劳动模范、青年代表座谈时强调，全面建成小康社会，进而实现中华民族伟大复兴的中国梦，必须依靠知识，必须依靠劳动，必须依靠广大青年。

青年强则国强。大学生是受过高等教育的宝贵人才，也是中华民族未来发展的栋梁。弘扬劳动精神，强化大学生劳动意识，不仅可以帮助他们形成高尚的劳动情操、拥有较高的劳动素质，还有利于大学生明确时代要求，坚定理想信念，把小我融入大我，把个人梦融入民族梦，在今后的工作和生活中自动自觉弘扬和践行劳动精神，艰苦奋斗、脚踏实地、勇于创新，积极为中国式现代化建设贡献自己的力量。

【典型案例】

无名英雄、中国"氢弹之父"——于敏

1961年初,正当于敏准备出国留学之际,他接到了负责氢弹攻关的同志的邀请,对方询问他是否愿意投身于氢弹理论预研工作。面对这一重大抉择,于敏深知这意味着放弃留学机会、个人声誉,以及过上长期默默无闻、对家人保密的生活。然而,他毫不犹豫地接受了这一挑战。

加入氢弹理论小组后,于敏和他的团队面临了一个重大难题:美国期刊上的一篇论文提出了在设计中添加氚有利于氢弹起爆的观点。然而,假如要用实验验证这一技术路径,将耗费巨额资金和时间。面对这一困境,于敏通过深入研究,最终提出了一个理论,并成功在科学家和领导面前验证了其正确性。这一发现为氢弹计划节省了数年时间和数亿资金,放弃了错误的氚反应模型。

1965年9月,于敏团队在理论上取得了重要突破。为了验证这一方案的可行性,他们前往上海,利用当时国内唯一的一台万次电子计算机进行验算。为了提高计算机的使用效率,他们采取了"换人不停机"的工作方式,并创新了分解运算方法,最终成功验证了理论的可行性。

随着氢弹制造工作的推进,于敏等人前往青海基地解决工程技术问题。在氢弹实验临近之际,一个关键部件的手工加工出现了问题,但于敏果断决策,判定这不会影响实验。为确保氢弹试验顺利进行,他和其他技术专家亲临戈壁滩上的试验基地,督导现场人员完成数据监测仪器的安装和调试工作。

1967年6月17日,氢弹在试验场上空成功引爆,这一胜利的消息迅速传遍全国,标志着中国在核武器领域取得了重大突破。于敏和他的团队用智慧和勇气,为中国核事业做出了杰出贡献。

案例解析:于敏毅然放弃原有的名誉,加入氢弹理论小组,默默开展了数十年的科研生涯。于敏将个人梦想融入了中国梦的大格局,这是每一位大学生都值得学习的。作为新时代的新青年,大学生要将个人的追求与社会的需求相结合,关注国家发展重点领域,积极参与社会实践和志愿服务;还要注重个人发展与社会价值的相统一,在实现个人梦想的同时,也要思考如何更好地服务社会和他人,培养自己的专业技能和综合素质,为社会提供有效的价值贡献。

三、弘扬劳动精神

2021年4月30日,习近平总书记在致全国广大劳动群众的节日祝贺中提到,"劳动创造幸福,实干成就伟业"。要大力弘扬劳动精神,就要将劳动精神生活化、具体化、行业化,使劳动精神更能贴近现实生活。青年大学生要坚持、发展和弘扬劳动精神,培育和践行社会主义核心价值观,激发全体劳动者的劳动热情和活力,讴歌劳动创造,礼赞劳动精神,在全面建成社会主义现代化强国新征程中努力奋进。

(一)擦亮劳动创造美好生活的价值底色

劳动,不仅是人谋生的工具,更是人类生活的核心,是塑造美好生活的基石。在新时代,我们要更加深入地体会劳动对美好生活的核心价值,擦亮劳动创造美好生活的价值底色。这不仅需要我们在思想上崇尚劳动,尊重每一位劳动者,更要在行动上践行这一理念。

我们可以从身边的劳动者身上找到无数感人的故事:以"铁人"王进喜为例,他在大庆油田的开发建设中,面对恶劣的环境和艰苦的条件,带领工人们夜以继日地奋战在石油钻井一线,用实际行动诠释了什么是真正的劳动精神。"杂交水稻之父"袁隆平,他的一生都在为解决中国人的温饱问题而努力奋斗;他深入田间地头,与农民们一起劳作,共同探索提高水稻产量的方法;最终,他成功培育出了高产优质的杂交水稻,为中国的农业发展做出了巨大贡献。基层工作者黄文秀长年驻扎在贫困地区,深入人民群众,了解他们的需求和困难,积极寻找脱贫致富的途径;她带领乡亲们发展特色产业,改善基础设施,提高教育水平,用自己的实际行动助力脱贫攻坚事业。他们的辛勤付出和无私奉献,不仅为我们创造了丰富的物质财富,更为我们树立了崇高的精神榜样,我们应以他们为榜样,用自己的辛勤劳动创造更加美好的未来。

(二)彰显创新引领社会发展的时代底色

在现今社会快速发展的浪潮中,创新无疑是引领时代的鲜明旗帜。把握创新,即抓住了推动社会进步的关键力量。创新的精髓在于劳动实践,它代表了推动社会前进的创造性动力。在新时代的背景下,弘扬劳动精神,重点在于坚持创新作为社会发展的核心驱动力,积极促进创造性劳动的蓬勃发展,并激励人们在劳动中创新,共同推动社会的进步。

创造性劳动不仅是衡量社会活力的关键指标,更是人类生存与发展的基石。我们应坚持实践为先、创新为要的导向，从制度设计、政策扶持、产业布局、资源优化、公共服务、社会环境等多维度，为创新实践提供坚实的支撑。同时，要鼓励广大人民群众在劳动实践中敢于创新、善于创新，通过创新实践提升劳动效率，营造尊重创新、崇尚创新、乐于创新的社会氛围，充分发挥劳动创新在推动社会发展中的巨大潜力。

推动创新性劳动的发展，是实现高质量发展的核心所在，也是应对社会主要矛盾变化、全面建成社会主义现代化强国的必由之路。在新时代的征程中，我们应弘扬劳动精神，立足岗位创新创造，不断深化理论创新、制度创新、科技创新和文化创新，全面激发人民群众的创造活力和智慧潜能，共同书写社会发展的崭新篇章。

（三）增强奋斗体现人生价值的生命底色

习近平总书记指出，"青春由磨砺而出彩，人生因奋斗而升华"。奋斗，是实现梦想、展现人生价值的必由之路。在新时代的征程中，弘扬劳动精神，关键在于确立奋斗作为实现人生价值的重要导向，坚定不移地追求刻苦奋斗，汇聚起奋斗的磅礴力量，在不懈奋斗中书写人生的辉煌篇章。

劳动的荣光，源自不懈地奋斗。任何劳动成果都不是轻易得来的，它们凝聚着辛勤的汗水和不懈的努力。我们应传承和发扬艰苦奋斗的优良传统，鼓励广大人民群众将奋斗融入生活的方方面面，让奋斗成为人生的永恒主题。通过踏实地劳动，我们不仅能够丰富人生经验、实现个人目标，更能彰显人生的价值，为党和国家的繁荣发展贡献自己的力量。

劳动是幸福的源泉，而奋斗则是通往梦想的阶梯。我们应该将攻坚克难视为一种担当，激励广大人民群众在困难面前敢于挑战、敢于突破，在奋斗中净化心灵、磨炼意志、展现担当。让我们共同成为新时代的奋斗者、追梦者和引领者，用奋斗铸就人生价值的基础。

【典型案例】

屠呦呦的礼物——青蒿素

屠呦呦，浙江宁波人，是中华人民共和国培养的第一代药学家。她在2015年荣获诺贝尔生理学或医学奖，2017年荣获2016年度国家最高科学奖，2019年荣获"共和国勋章"。1969年，屠呦呦了解到一个全国性大协作项目——"523"任务，它涵盖了疟疾防控的所有领域。屠呦呦作为中药所"523"课题组的组长,攻关目标是抑制抗疟药物头号种子常山碱的毒副作用。然而,研究过程中遭遇重重困难,屠呦呦决定另辟蹊径,探索新的抗疟药物。

她深受古代医书《肘后备急方》的启发,注意到青蒿的治疗记载。屠呦呦通过乙醚低温提取法,成功从青蒿中提取出了一种新的物质,其对疟原虫的抑制率高达100%。她将其命名为"醚中干",这是抗疟领域的一大突破。

随后,团队进行了多轮动物毒性实验,初步证实青蒿粗提物无毒性。为了进一步验证其效果,权威教授金录奎提出人体试服。屠呦呦毫不犹豫地成为首批试药人员之一,并主动增加服药剂量,以降低后续试药人员的风险。人体试服成功后,屠呦呦带领团队前往海南进行临床抗疟观察,结果显示有效率高达100%。

1972年,课题组进一步提纯出了抗疟有效成分——青蒿素。1973年,青蒿素的临床试验取得了成功,这一发现打破了只有含氯杂环化合物才能抗疟的局限,标志着人类抗疟历史进入新纪元。同年,团队还合成了疗效更佳的青蒿素衍生物——双氢青蒿素。屠呦呦的这一伟大贡献,无疑为全球的疟疾防治工作带来了希望。

案例解析:屠呦呦团队艰难研究,对包括青蒿在内的100多种中药水煎煮提物和200余个乙醇提物样品进行实验,在不断失败的经历中提取成功的经验;屠呦呦大胆创新,在确认常山碱确存毒性后果断开辟新道路,寻找新的机会,最终探索出青蒿对疟疾的抑制作用。屠呦呦用青春奋斗造福人类,钟情科学、向医而行,60多年来,对祖国医药科学的向往与探求,是屠呦呦始终如一的人生选择。

四、实践体验

本单元设计的活动为实践体验"致敬劳动者"摄影活动。

(一)活动目标

劳动是立国之本,劳动精神是民族精神的重要组成部分。在新的时代背景下,大学生应该积极弘扬劳动精神,为实现中华民族伟大复兴的中国梦贡献力量。为了培养大学生热爱劳动的良好品格,激励大学生积极主动地参与劳动,实现生生会劳动、生生能劳动、生生爱劳动的目标,体会劳动的辛苦,感悟劳动精神,本章节设计了"致敬劳动者"摄影活动。

（二）活动方式

（1）头脑风暴。在班级中分组进行，确定摄影主题，明确活动任务。

（2）资料收集。按照主题的要求，收集汇总关于活动的各类资料。

（3）研讨交流。小组研讨，团队协作，确定选材。

（三）活动实施

（1）参加活动者以个人或小组为单位，围绕主题，寻找身边的劳动者，拍下他们劳动的模样，记录劳动的感人瞬间，并附上100字以内的照片简介。

（2）参加活动的照片不能进行加工处理，单幅、组照均可（组照：4~6张照片为一组）。黑白、彩色照片皆可，作品须为电子版，jpg格式。作品内容要求积极健康，切合主题，有较强的艺术表现力、感染力和视觉冲击力，且必须为原创作品照片。

（四）活动报告

采取现场讨论分享为主，作品分享由个人或小组代表进行发言，分享的过程中其他组员可以进行补充。由班级其他组的参与者代表进行打分及评价，也可邀请其他班级或者学院摄影爱好者对作品进行打分和评价。

总结本次活动的完成情况及活动过程中的思考，反思自己掌握了哪些知识和技能、锻炼了哪些能力、感悟了哪些方面的劳动精神等。

第四章 解读劳模精神：引领时代前沿

导 语：

2020年11月24日，在全国劳动模范和先进工作者表彰大会上，习近平总书记强调，要大力弘扬劳模精神、劳动精神、工匠精神。劳模精神、劳动精神、工匠精神是以爱国主义为核心的民族精神和以改革创新为核心的时代精神的生动体现，是鼓舞全党全国各族人民风雨无阻、勇敢前进的强大精神动力。

一、劳模精神的历史变迁

（一）劳模与劳模精神

1. 劳模的概念

劳动模范（简称劳模）是党和政府授予在我国"经济建设、政治建设、文化建设、社会建设、生态文明建设和党的建设等方面"做出突出贡献，取得显著成绩的劳动者的一种崇高荣誉称号。①

2. 劳模的分类

劳动模范分为全国劳动模范与省、部委级劳动模范，有些市、县和大企业也评选劳动模范。中共中央、国务院授予的劳动模范为"全国劳动模范"，是中国最高级别的荣誉称号。与此同级的还有"全国先进生产者""全国先进工作者"称号。劳动模范是民族的精英、人民的楷模，共和国的功臣。②

---

① 陈伶浪. 新时代弘扬劳模精神研究［D］. 长春：吉林大学，2020.
② 劳模是民族精英人民楷模共和国功臣［N/OL］.（2020-11-25）［2024-12-03］. https://paper.xinmin.cn/html/xmwb/2020-11-25/2/87103.html.

3. 劳模精神的含义

顾名思义，劳模是劳动者中的模范和榜样，"是劳动群众的杰出代表，是最美的劳动者"[①]，是职工身边的学习标杆。精神，是指某一群体特有品格在长期演化过程中，逐步积累下来的主体意识、道德观念、行为规范等综合因素，能"渗透到社会上大多数人的思想行为中，为人们所认同和接受，并表现出心理上的持久性、动力上的一致性和行为上的倾向性"[②]。

劳模精神是劳模在工作生活实践中所展现出的行为准则、精神风貌、价值观念、道德风范等，是通过劳模行为体现并经劳模表彰得到社会大众认可的，其内涵十分丰富。

中华民族在历经了漫长的发展过程和不断的劳动实践探索以后积累下了十分宝贵的精神财富，其中以爱岗敬业、争创一流、艰苦奋斗、勇于创新、淡泊名利、甘于奉献为核心的劳模精神，是我国民族精神的重要组成部分。

劳模，意味着"取向"，那是一个时代追寻的脚步，是大多数人的人生道德观念和价值取向。伟大出自平凡，英雄来自人民。一个国家的非凡成就，总是由点点滴滴的平凡人物汇集而成的。在社会主义建设的各个时期，以劳模为代表的广大工人阶级始终不忘初心、牢记使命，用平凡的双手创造不平凡的梦想。[③]

劳模精神在我国整个民族精神当中占据着十分重要的位置，是建设社会主义现代化强国的精神动力，也是每一个现代人所应该继承的精神。在我们身边最平凡的岗位当中，存在着很多孜孜不倦、兢兢业业的奉献者和工作者，他们在普通的工作当中创造的成绩却是不普通的，正是在他们的不断奋斗之下，社会才会不断发展和进步，未来的各项事业的建设是需要这些劳模支撑和引领的。

劳模精神以马克思主义劳动学说、中华传统劳动观以及历届党的领导集体关于劳模精神的论述为理论依据，萌芽于新民主主义革命时期，在中华人民共和国成立后初具雏形，改革开放以来发展成熟，在各个阶段都各具特色内涵，从革命型发展为"老黄牛"型再演变为创新型，历经几十年的光辉历程。新时代劳模精神在内容和目标上与高校思想政治教育工作有很多相关与契合之处，二者融合可以增强大学生热爱劳动的意识、培养大学生艰苦奋斗的品质、帮助大学生树立正确的就业观以及引导大学生践行社会主义核心价值观。面对新的时代背景，青年所担负的使命和任务更重要，大

---

① 习近平. 习近平在知识分子、劳动模范、青年代表座谈会上的讲话[N]. 人民日报，2016-04-30（2）.
② 李世明. 大庆精神铁人精神是中国工人阶级的共同精神财富[J]. 石油政工研究，2009（5）：35-37.
③ 工会博览评论员. 劳模永远是时代的领跑者[J]. 工会博览，2005（10）：4-5.

学生要想为社会的发展做出更多的贡献,必须积极学习并践行新时代劳模精神,全面提升素养,努力做新时代的建设者。

中国劳模现象出现在21世纪30年代初期。中华人民共和国成立后,党和国家在总结劳模表彰工作历史经验的基础上,不断发展和完善劳模表彰制度,选树表彰了成千上万的、各行各业的劳模。一代又一代劳模在创造巨大物质财富的同时,铸就了弥足珍贵的劳模精神。劳模精神孕育于革命战争时期,历经中华人民共和国成立初期、社会主义建设时期、改革开放新时期、新时代的嬗变,其内涵与时俱进、不断完善,一直示范引领着亿万劳动群众以主人翁姿态满腔热忱投身社会主义革命、建设、改革的伟大实践。

(二)劳模精神的发展历程

1. 中华人民共和国成立前——劳模精神内涵的萌发期

我国的劳模最早诞生于土地革命战争时期中央苏区的公营企业和革命竞赛中,而后出现在抗日战争时期的陕甘宁边区大生产运动和各项建设中。《南泥湾》这首脍炙人口的老歌里就有"鲜花送模范"的唱词,那时的大生产运动产生了许多劳模。20世纪30年代,由于日本帝国主义和国民党反动派的封锁,党领导的陕甘宁边区政府在经济上面临着巨大的困难。自力更生,发展生产,打破敌人的封锁,成为当时边区的紧迫任务。在党的领导下开展"新劳动者运动""增产立功运动",争当"增产立功"的"新劳动者",成为边区工人的响亮口号和奋斗目标。① 解放战争时期又出现了大量的"支前劳模"和新解放城市中的"工业劳模"。这一时期的劳模主要包括生产成绩出色的劳动英雄和工作表现突出的模范工作者。这一时期的劳模运动经历了从个人到集体、从生产领域到各个方面、从上级指定到群众评选、从数量增多到质量提高、从提倡号召到按规定标准予以推广、从革命竞赛到全面的群众运动的发展过程,体现了"服务战争、支援军事"的指导思想和"为革命献身、革命加拼命、苦干加巧干、经验加创新"的劳模精神,呈现出"革命型"的劳模特征。其优秀代表人物主要有赵占魁、吴运铎、张思德等。

2. 中华人民共和国成立初期——劳模精神内涵的雏形期

中华人民共和国成立后,工人阶级和广大农民实现了政治和经济上的"翻身",获得了主人翁和当家作主的地位,心中充满了感恩和报效国家的劳动热情。面临着建

---

① 关锋. 让劳模精神闪耀辽沈大地[J]. 共产党员,2018(10):20-23.

设社会主义国家的艰巨任务，党和政府在组织生产的过程中运用过去战争年代做经济工作时积累起来的经验，树立一批典型人物，授予他们"劳动模范"的荣誉称号，以激励其本人和其他人努力工作。

1950年至1960年这10年间，党和政府召开过四次大规模的全国性劳模代表会议，共表彰6510个先进集体和11 126名先进个人，使得学习劳模的活动在全国各行各业中广泛开展起来。

20世纪50—60年代是中国劳模迅速发展的时期。虽然起步的时候人数还不算多，1950年的劳模会只有464名劳模，但时隔6年，1956年的劳模会上劳模人数已达4699人，是1950年人数的10倍。紧接着，在1959年和1960年，劳模称号获得者都有两三千人。

这些劳模广泛分布在工业、农业、部队、交通运输、基本建设、财贸、教育、文化、卫生、体育、新闻等国民经济和社会建设的多个方面，既有生产能手、岗位标兵、技术人员、科学工作者，又有先进工作者、优秀组织者和管理者，劳模们勤勤恳恳、任劳任怨、勤俭节约、艰苦奋斗的"老黄牛"精神，带动了整整一代人为共和国奠基做出了突出贡献。

这一时期，以时传祥、张秉贵、孟泰、马恒昌、郝建秀、王崇伦等为代表的一大批普通劳动者，在平凡的工作岗位上以不平凡的主人翁责任感和艰苦创业精神，以高尚的忘我劳动热情和无私奉献精神赢得了社会的尊重，成为激励全国人民的楷模。以黄继光、张积慧、邱少云等为代表的一大批战斗英雄，不怕牺牲、舍身为国，在朝鲜战场浴血奋战，这是中国人民第一次把世界头号强国逼到谈判桌前，极大地激发了中国人民的爱国热情，将爱新中国与爱伟大的共产党紧密地联系在一起。

3. 社会主义建设时期——劳模精神内涵的发展期

1958年，我国兴起总路线、大跃进、人民公社"三面红旗"的经济政治运动，紧接着出现了三年严重经济困难。在这个背景下，雷锋和焦裕禄这两位典型的英雄模范代表人物应运而出。雷锋和焦裕禄身上所展现的劳模精神内涵是"只讲奉献、不求回报"。

毛泽东作了"向雷锋同志学习"的光辉题词；同时周恩来也作了"向雷锋同志学习，憎爱分明的阶级立场，言行一致的革命精神，公而忘私的共产义风格，奋不顾身的无产阶级斗志"的题词。在这些鲜活的先进模范人物精神引领和带动下，我国社会的经济很快复苏，人们的精神面貌发生了根本性改变。

20世纪60年代是我国最困难的年代，面对天灾人祸，劳模们以"自力更生、奋发图强"的精神，为全国人民树立了学习榜样。共和国劳模王进喜身上体现出来的"铁人精神"，激励了一代又一代的石油工人，让他们争做为国家分忧解难、为民族争光争气、顶天立地的民族英雄。

20世纪70年代，一批科技系统先进人物走进人们的视野，劳模们以淡泊名利、献身科学的精神，激发了全民族对科学报国的无比热情。这一时期，面对人民生活和国民经济遭遇的困难。我国工人阶级艰苦奋斗、奋发图强，发扬"硬骨头"精神，为国家渡过暂时困难，坚持独立自主、自力更生的发展道路做出了贡献，谱写了一曲又一曲胜利凯歌。

4. 改革开放新时期——劳模精神内涵的成形期

（1）20世纪80年代，中国吹响了改革开放的号角。

"实现四个现代化"口号被唱响，广大劳动者充满理想，劳模更富激情。1988年邓小平重申"科学技术是第一生产力"，一批科技文化教育工作者劳模走进了人们的视野，新一代劳模发扬"当代愚公"和"两弹一星"精神，带领广大职工群众勇攀科学技术高峰，在推动改革、促进发展、维护稳定中再立新功，涌现了一大批以数学家陈景润、"两弹元勋"邓稼先、优秀光学专家蒋筑英、微电子研究专家罗健夫等为代表的科学家劳模，他们将毕生精力献给了祖国的科技事业，通过自己的模范行动和骄人业绩，为我国的经济发展和社会进步做出了不可磨灭的贡献。

（2）20世纪90年代，中国取得了让世人刮目相看的巨大成就。

这一时期涌现了以孔繁森、李素丽、徐虎等为代表的一大批先进模范人物，他们以求真务实、拼搏进取的精神，引领时代向前进。这一批先进人物展现了当代社会所需要的一种时代精神、一种社会所倡导的主流价值观，激励广大劳动者崇尚先进、爱岗敬业。

改革开放以来，在轰轰烈烈的社会主义劳动竞赛中，又陆续产生了一批具有时代特征的劳模。进入新世纪，一批知识型、智能型工人成为先进模范人物的突出代表。他们干一行、爱一行，专一行、精一行，带动了各行各业、各条战线的广大职工投身全面建设小康社会的伟大实践。

这一时期，劳模队伍的结构非常广泛。他们当中，有的修德砺能、探索创新，科研成果达到国内、国际领先水平；有的在重大工程建设中优化设计方案，精心组织施工，创造了世界纪录；有的为人师表、教书育人，为国家培养了大批优秀人才；有的救死扶伤，治病救人，为保障人民的生命健康做出了积极贡献；有的踊跃参加三峡工程、青藏铁路、载人航天、北京奥运会、上海世博会、地震灾区灾后重建、京沪高速铁路等重大工程建设，为加快经济发展方式转变、推动经济社会又好又快发展做出了重大贡献。不少劳模的先进事迹感动中国、影响世界。

劳模精神的内涵也演化为"解放思想、开拓进取，知难而上、勇于创新，艰苦奋斗、求真务实，淡泊名利、无私奉献"。这集中反映了中国工人阶级的优秀品质，是适应时代要求、响应党的号召的充分体现。

随着科技的发展，伴着信息时代的来临，劳模队伍的时代特征发生了嬗变，"他们开始不断地用科学知识武装自己，他们坚定地信奉着'教育可以决定前途，知识可以改变命运'的理念，实干、知识、创新的复合成为当代劳模的典型特征"[①]。

劳模精神的内涵也在与时俱进，升华为"爱岗敬业、争创一流，艰苦奋斗、勇于创新，淡泊名利、甘于奉献"。这一阶段，以知识创造效益、以科技提升竞争力，实现个人价值、创造社会价值，成为劳模的价值追求，知识型、创新型、技能型、管理型成为当代劳模的鲜明特征。充满活力和感召力的广大劳模为全面建成小康社会，推动社会主义经济建设、政治建设、文化建设、社会建设以及生态文明建设和党的建设做出了重大贡献，是实现中华民族伟大复兴、开拓中国特色社会主义事业新局面的重要力量。

二、劳模精神的时代印记

劳动模范是一面旗帜，他们身上蕴含着的一致的劳动态度、道德品质和职业精神构成了劳模精神。劳模精神是在我国革命建设时期以及经济新常态发展时期积累起来的宝贵精神财富，其形成与发展是历史与时代必然的选择和结果，具有深刻的理论意蕴、厚重的文化传承和强大的实践力量。

习近平总书记在劳模代表座谈会上的讲话中赞扬了各个时期的劳模代表，包括革命战争年代的"全国劳动模范"董力生、"边区工人一面旗帜"赵占魁、"兵工事业开拓者"吴运铎、"新劳动运动旗手"甄荣典等，中华人民共和国成立后的"高炉卫士"孟泰、"铁人"王进喜、"两弹元勋"邓稼先、"知识分子的杰出代表"蒋筑英、"宁肯一人脏，换来万人净"的时传祥等，改革开放历史新时期的"蓝领专家"

---

① 陈伶浪. 新时代弘扬劳模精神研究[D]. 长春：吉林大学，2020.

孔祥瑞、"金牌工人"窦铁成、"新时期铁人"王启民、"新时代雷锋"徐虎、"知识工人"邓建军、"马班邮路"王顺友、"白衣圣人"吴登云、"中国航空发动机之父"吴大观等一大批劳动模范和先进工作者。

1. 中华人民共和国成立前

华东地区第一位女拖拉机手董力生（图4-1）也被称为"担架英雄"，是一位传奇人物，她曾分别受到毛泽东、斯大林、金日成等领袖的接见。董力生幼时家贫，12岁随哥嫂到青岛做童工，抗日战争爆发后工厂停工，回家乡挑盐谋生。1942年，她担任村妇救会长，动员组织妇女开荒种地，支援抗日，赣榆县妇救会长特为她起名董力生。1943年底，董力生被评为滨海区劳动模范，受到表扬，获奖一头毛驴。农闲时间，她组织乡亲运盐，一次挑百把斤的担子，和男人们一样赶路，轰动滨海区。1945年春，国民党军队进攻解放区，董力生在庄上第一个报名支援前线，区长看她是女的，未予批准，她就跟着队伍出发，在执行任务中沉着勇敢，不怕艰苦，大家选她当班长。

图4-1　董力生驾驶拖拉机的飒爽英姿登上画报封面

在孟良崮战役中，她带领担架队绕行几百里，深入前沿阵地，救回伤员。在孟良崮战役最紧张的时候，董力生连续奋战18个昼夜完成了之前的任务。为此，她获得中共华东局授予的"担架英雄"称号，并荣立特等功。

在淮海战役中，董力生为部队用独轮车运给养、炮弹，奔波在战场上。她之前用的独轮车被中国军事博物馆收藏。

抗日战争时期，陕甘宁边区大搞生产运动，涌现出一批劳模。1939年秋天，赵占魁就被陕甘宁边区政府评为模范工人，当时他在农具厂做化铁工作，之后任翻砂股股长并多次受奖。1942年，陕甘宁边区总工会开展了"赵占魁运动"，当时赵占魁在农具厂亲自领导这一运动，任"赵占魁运动委员会主任"，获得很大成绩。1943年赵占魁又被评为边区特等劳动英雄，以新英雄的姿态站在建设边区的最前线，成为边区工人的一面旗帜。

吴运铎是抗日战争时期革命根据地兵工事业开拓者、中华人民共和国第一代工人作家，带领职工自制枪弹，在生产与研制武器弹药时多次负伤，失去了左眼，左手和右腿致残，经过20余次手术，身上几十处留有弹片，但仍以顽强毅力坚持在生产第一线战斗，为提高部队火力做出了突出贡献。

这些先进模范人物以"新的劳动态度对待新的劳动"，积极参与义务劳动，全力支援前线斗争，带动群众投身中国共产党领导的人民解放事业。

这一时期，劳模的评选表彰积极地调动了军民斗争、工作、生产的主动性和积极性，在群众中首次树立了"劳动光荣、劳动致富"的价值观念，不但推动了苏区、抗日根据地和陕甘宁边区生产、建设事业和各项工作的大发展，改善了军民的生活，提高了军事素质和工作效率，还创新了生产组织形式和工作方式，密切了军民关系、干群关系、党群关系，增强了劳动人民的团结，并为党领导下的新民主主义革命取得胜利、建立新中国做出了重大贡献。

2. 中华人民共和国成立初期

"宁肯一人臭，换来万家香"的时传祥，是北京的掏粪工人，每天背着沉重的粪桶，走街串巷，收集千家万户的粪便。他认定了一个通俗的道理：掏粪也是社会主义建设事业的一部分。因此，他千方百计提高工作效率，没日没夜地工作，连节假日也很少休息。从一天背50桶增加到93桶粪，一桶粪重达50公斤，一天下来就是5吨，肩上磨出了又黑又硬的老茧。他的高尚精神，受到全社会广泛赞誉。1959年，他在参加全国"群英会"时，时任国家主席刘少奇在人民大会堂紧紧握着他那双掏粪的手，亲切地说："你掏大粪是人民的勤务员，我当国家主席也是人民的勤务员，这只是革命分工不同。"时传祥感动地说："我要听党的话，当一辈子掏粪工。""时传祥精神"至今历久不衰。

从1955年11月到百货大楼站柜台，30多年来，张秉贵没有怠慢过任何一个人，通过眼神、语言、动作、表情、步伐、姿态等调动各个器官的功能，商业服务业的简单操作被他升华为艺术境界[①]，被誉为"燕京第九景"。张秉贵令人称奇的"一抓准""一口清""一团火"的服务精神，成为中华人民共和国成立后商业战线上的一个标杆。

同时，许多劳模以高度的主人翁责任感，开拓创新、攻坚克难，通过发明创造、技术革新等，突破重大技术难关，使生产效率得到了成倍的提高。

---

① 刘静．"一团火"精神光耀福州——档案解读共产党员张秉贵"甜蜜"事业［J］．北京档案，2021（6）：54–56．

（1）1953年，倪志福以创造"三尖七刃麻花钻"闻名遐迩，被称为"倪志福钻头"，1986年获联合国世界知识产权组织颁发的金质奖章和证书。

（2）1954年，"张百发青年突击队"成立，1956年"张百发青年突击队"开展了学习多种技术经验的活动，队员争当一专多能的多面手，此举得到全国许多突击队员、青年工人的响应，从而创造了一专多能的"多面手"快速施工经验。

（3）1958年，李瑞环以创造"放大样"的新工作法，改革了传统木工工艺，解决了生产难题并写出了《木工简易计算法》而闻名，被誉为"青年鲁班"。

（4）尉凤英（女），曾被誉为"毛主席的好工人"，较大的技术革新项目就有58项。她所领导的厂"红专大队"实现技术革新707项[1]，成为当时沈阳市职工技术协会的带头人之一。

（5）1955年，24岁的山东人马学礼由沈阳调到武汉重型机床厂，1957年7月从苏联学习回国后，短短一年，他提出革新建议近300项，完成技术革新数十项。1965年，他成功研制高速"套料刀"，效率比原来的苏式工具提高6倍，在中国机械行业引起轰动。马学礼由此被同行称为中国"刀具大王"。根据马学礼事迹总结出的那个时代最响亮的口号曾经传遍全国："刀具大王"马学礼"见困难就上，见荣誉就让，见先进就学，见后进就帮"。"照马学礼那样干"成为那个时代响亮的号召。

（6）重庆长江轮船公司船长莫家瑞，为抢运抗美援朝军运物资，首开川江下水夜航并首创川江驾引合一纪录。他打破高洪水位、枯水位航行禁区，凭高超的驾引技术，为进出川渝物资运输创造惊人业绩。

这一时期的劳模主要来源于基层，一线产业工人是主流，"一不怕苦、二不怕死"的"硬骨头"精神和"老黄牛"形象是他们的真实写照，提高操作技能和熟练程度、提升技术水平和生产能力、提出合理化建议和总结推广先进经验、从生产型向技术革新型转变，是劳模们的典型特征。[2]

劳模们身上展现的是社会主义理想和爱国报恩的价值追求，其蕴含的劳模精神的内涵是"不畏困难、艰苦奋斗、自力更生、无私奉献、刻苦钻研、勇于创新、不怕牺牲、团结协作、爱岗敬业、多做贡献"。中华人民共和国成立初期，劳模队伍的迅速壮大及其具有的示范引领作用，为国民经济的恢复、社会主义建设在各条战线的起步与发展做出了重大贡献，并为树立社会主义劳动观念、推广劳模经验、提高生产工作

---

[1] 俞仲文. 培养千千万万技术革新能手[N]. 中国教育报，2013-09-17（5）.
[2] 张晓明. 中国劳模的历史叙事与启示[J]. 领导理论与实践，2011（1）：37-39.

效率、提升组织管理协作水平发挥了重要作用。

"戴花要戴大红花,听话要听党的话……"这支50年代的老歌曾激励过那个年代的许多人争戴大红花。① 向世人表明:工人有力量,劳模最光荣,劳动最伟大。劳模已成为当时人们心目中最耀眼的明星。他们带动了一代人,影响了一个时代,激励了一代人学技术,鼓舞了一代人当个好工人,"一五"计划、"二五"计划的实现,全靠这一代人的奋力拼搏。劳模的先进事迹激励各行各业劳动群众以国家主人翁的姿态建设社会主义,巩固了新生的工人阶级领导的、以工农联盟为基础的人民政权。这一时期的劳模精神至今还在发挥着巨大作用。

3. 社会主义建设时期

雷锋(1940年12月18日—1962年8月15日)(图4-2),原名雷正兴,出生于湖南长沙,中国人民解放军战士,共产主义战士。1954年加入中国少年先锋队,1960年参加中国人民解放军,同年11月加入中国共产党。1961年5月,雷锋作为所在部队候选人,被选为辽宁省抚顺市第四届人民代表大会代表。1962年2月19日,雷锋以特邀代表身份出席沈阳军区首届共产主义青年团代表会议,并被选为主席团成员在大会上发言。1962年8月15日,雷锋因公殉职,年仅22岁。

图4-2　无私奉献的雷锋

雷锋对后世影响最大的是以其名字命名的雷锋精神。雷锋精神是为共产主义而奋斗的无私奉献的精神,忠于党和人民、舍己为公、大公无私的奉献精神,立足本职、在平凡的工作中创造出不平凡业绩的"螺丝钉精神",苦干实干、不计报酬、争做贡献的艰苦奋斗精神,归根结底就是全心全意为人民服务的精神。雷锋精神影响了后来一代又一代的中国人。

雷锋是一名普通战士,用自己极为平凡的言行,把有限的生命投入无限的为人民服务之中。雷锋精神体现在热心公益、乐于助人、扶贫济困、见义勇为、善待他人、奉献社会;干一行、爱一行、钻一行,立足本职,尽职尽责,在平凡中干出不平凡的业绩,乐于做一颗永不生锈的"螺丝钉";在工作和生活的一言一行都体现出中华民族勤俭节约、艰苦奋斗的传统美德。② 在雷锋精神感召、激励下,社会上出现了一批

---

① 张威. 对明星的崇拜不应胜过劳模[J]. 工会博览(下旬版),2016(9):31.
② 钢铁文化评论员. 把雷锋精神落实到工作中[J]. 钢铁文化,2012(3):1.

如王杰、麦贤得、刘英俊、蔡永祥等的英雄人物。

面对国家建设石油短缺的紧迫形势，1960年冬天，王进喜（图4-3）带领1205钻井队，来到天寒地冻的东北松嫩平原。他头顶青天，脚踏荒原，带领工人们靠人拉、肩扛，硬是把生产需要的钻机、煤炭卸到了工地，为新油田的早日开工立下了汗马功劳。当危险发生时，他奋不顾身地投入泥浆池，以身体搅拌泥浆，制止了井喷，保住了钻井机台。王进喜和他代表的中国石油工人在恶劣的环境里，在简陋的条件下，以"为国分忧、为民族争气"的

图4-3 "铁人"王进喜

爱国主义精神，以"宁可少活20年，拼命也要拿下大油田"的忘我拼搏精神，以"一不怕苦，二不怕死""有条件要上，没有条件创造条件也要上"的艰苦奋斗精神，以"干工作要经得起子孙万代检查""为革命练一身硬功夫、真本事"的科学求实精神，以"甘愿为党和人民当一辈子老黄牛"埋头苦干的奉献精神，[①] 打出了一口口油井，甩掉了中国"贫油"的帽子。王进喜成为了中国工人阶级的光辉榜样。

4. 改革开放新时期

20世纪80年代，中国吹响了改革开放的号角。邓小平重申"科学技术是第一生产力"，一批科技文化教育工作者劳模走进了人们的视野。

邓稼先（1924—1986）（图4-4），九三学社社员，中国科学院院士，著名核物理学家，中国核武器研制工作的开拓者和奠基者，为中国核武器、原子武器的研发做出了重要贡献。他在1924年出生于安徽怀宁县一个书香门第的家庭；1935年考入志成中学，在读书求学期间，深受爱国救亡运动的影响；1937年北平沦陷后，他曾秘密参加抗日聚会；后在父亲邓以蛰的安排下，他随大姐去往昆明，并于1941年考入西南联合大学物理系；1948年至1950年，他在美国普渡大学留学，获得物理学博士学位，毕业当年，他就毅然回国。

邓稼先是中国核武器研制与发展的主要组织者、领导者，始终在中国武器制造的

---

① 王瑞生. 建设中国特色社会主义的伟大力量——礼赞劳模精神、劳动精神、工匠精神［N］. 工人日报，2018-04-24（7）.

图4-4 "两弹元勋"邓稼先

第一线,领导了许多学者和技术人员,成功地设计了中国原子弹和氢弹,把中国国防自卫武器引领到了世界先进水平。1986年获"全国劳动模范"称号,1999年被追授"两弹一星"功勋奖章。由于他为中国核科学事业做出了伟大贡献,被称为"两弹元勋"。邓稼先在一次实验中,受到核辐射,身患直肠癌,于1986年7月29日在北京不幸逝世,终年62岁。

袁隆平(1930年9月7日—2021年5月22日)(图4-5),男,汉族,生于北京,无党派人士,江西省九江市德安县人,享誉海内外的著名农业科学家,中国杂交水稻事业的开创者和领导者,中国共产党的亲密朋友,无党派人士的杰出代表,"共和国勋章"获得者,湖南省政协原副主席,国家杂交水稻工程技术研究中心原主任,中国工程院院士,被誉为"杂交水稻之父"。

图4-5 "杂交水稻之父"袁隆平(左三)

作为中国工程院院士的袁隆平,从20世纪60年代开始致力于杂交水稻的研究,经过12年的努力,成功培育出了"三系杂交稻"。1976—1987年,他培育的杂交水稻种植面积累计达到11亿亩,增产稻谷1000亿千克。1979年,杂交水稻作为我国第一个农业技术专利转让给美国。之后,他又研制出一批比现有三系杂交水稻增产5%~10%的两系品种间杂交组合。

如今,我国大江南北的农田普遍种上了袁隆平研制的杂交水稻。杂交水稻的大面积推广应用,为我国粮食增产发挥了重要作用。

袁隆平的杂交水稻引起了世界的关注,许多国家的专家到中国取经,印度、越南等20多个国家和地区还引种了杂交水稻。袁隆平的努力,也为解决世界粮食短缺问题做出了贡献。

为此,我国政府授予袁隆平"全国先进科技工作者""全国劳动模范"和"全国先进工作者"等光荣称号。联合国世界知识产权组织授予他金质奖章和"杰出的发明家"荣誉称号。国际同行称他为"杂交水稻之父"。

5. 社会主义现代化建设新时期

在社会主义现代化建设新时期，我国注重科技进步和教育发展。在人工智能、互联网、大数据、铁路建设等领域取得了一系列突破，推动产业升级和转型。一批先进的行业工作者和劳模走进了人们的视线。

巨晓林（图4-6），男，汉族，1962年9月出生，中共党员，陕西岐山人，中国中铁电气化局公司高铁分公司技术员、工匠技师，全国总工会兼职副主席、国家监察委特约监察员，获全国五一劳动奖章、中华技能大奖、中央企业优秀共产党员、火车头奖章、全国创先争优优秀共产党员、全国劳动模范、改革先锋等荣誉。

图4-6 铁路"小巨人"巨晓林

作为一名普通的电力工人，他在工作中展现了非凡的职业素养和责任心。巨晓林勤奋努力，不畏艰辛，始终以高度的工作热情和敬业精神投入到工作中。他不仅在日常工作中表现出色，还经常积极参与技术培训和知识学习，不断提升自己的专业水平。在工作中，他善于思考问题，勇于创新，提出了许多改进工作的方法和节能减排的建议，为企业的发展和节能环保做出了积极贡献。巨晓林在2015年4月被评为全国劳动模范和先进工作者，他的劳模事迹激励着身边的同事们，激发了大家对工作的热情和动力，成为企业中的楷模和学习榜样。他的奋斗精神和优秀品质在社会上树立了良好的形象，彰显了劳动者的尊严和价值。

虽然劳模精神在不同时代有着不同的时代画像，但其本质始终是不变的。在新的时代起点上，我们要继续大力弘扬劳模精神，继承发扬先辈劳模们"传帮带"的优良作风，时刻以劳动模范作为榜样标杆，用他们的高尚道德情操不断地鼓舞自己一路向前，以自己的实际行动，立足本职、辛勤劳动、务实奉献、诚实创新、锐意进取，为未来而奋斗。

三、当代劳模精神品质

在新时代，劳模精神的内涵也发生了相应的改变。2013年，习近平总书记在同全国劳动模范代表座谈时指出，长期以来，广大劳模以平凡的劳动创造了不平凡的业绩，铸就了"爱岗敬业、争创一流，艰苦奋斗、勇于创新，淡泊名利、甘于奉献"的劳模精神，丰富了民族精神和时代精神的内涵，是我们极为宝贵的精神财富[①]，简短地概括出了新时代劳模精神的时代内涵。

（一）爱岗敬业、争创一流是劳模精神的立身之本和心之所向

爱岗敬业指的是工作人员对待自己职业的态度。爱岗指的是工作人员能够喜欢和热爱自己的劳动，对自己所从事的劳动有激情和兴趣。成为一名合格的劳动者的基本前提就是要尊重和热爱自己的岗位。只有心怀热爱，才能对自己的岗位在付出的时候有饱满的热情，并且在取得成绩后有成就感。敬业指的是尊重劳动、崇尚劳动，对待自己的工作认认真真，而不是应付差事。只有从心底里对自己的职业有所尊重和敬畏，才能在工作中取得成绩，得到领导和同事认可。敬业也代表承担责任，在工作中不能对大小事都漠不关心。有了责任心，才会有行动的动力，才会对自己的劳动有更高的标准，在工作中少一些抱怨、多一些担当。争创一流指的是在工作中精益求精，追求卓越的一种劳动态度，争取做出在行业中名列前茅的劳动成果。争创一流的劳动态度体现出了劳动者对于自己所从事的劳动具有较高的标准。要做到争创一流的劳动成果，需要坚持不懈、勇当先锋的态度和原则。争创一流不是一个一蹴而就、立竿见影的过程，需要久久为功、锲而不舍的毅力和耐心。争创一流是一个永无止境的竞争过程，要把追求卓越作为对自己的要求，才能在行业领域占有一席之地。

（二）艰苦奋斗、勇于创新是劳模精神的应有之义和本质要求

艰苦奋斗指的是在实现目标的过程中，无畏艰难险阻，始终保持顽强奋斗、坚韧不拔的态度和行动。艰苦奋斗作为我国优秀的传统文化，历来备受推崇。要想时刻保持艰苦奋斗的优良品质，首先要在思想上保持不怕苦不怕难的意识；其次要在行动上做到吃苦在前、享乐在后，将艰苦奋斗的优良作风贯彻到生产实践中。勇于创新指的是在劳动过程中要敢于突破旧的规章制度，寻找新的方法提升劳动效率，达到更好的劳动成效。创新涉及的范围很广阔，包括技术、管理、制度等，每家在行业中处于领

---

① 习近平. 在同全国劳动模范代表座谈时的讲话[N]. 人民日报，2013-04-29（2）.

先地位的企业，都要敢于创新、突破局限，才能提升生产效率、捷足先登，成为引领行业发展的灯塔。提升创新能力，首先要具备过硬的专业技能，因为只有掌握扎实的技术基础，才能具备突破旧的生产局限性的能力；其次要具备敢于创新的思维和勇气，树立敢为天下先的意识，培养善于发现的眼睛、敢于创造的行动力；最后，提升创新能力要具备不怕失败、越挫越勇的耐心。劳动模范余梦伦就具备这样的品质，为了发展航天事业，用手摇计算机计算了两个多月，经历了无数次失败，才得出了与外国先进资料计算完全一致的结果。

（三）淡泊名利、甘于奉献是劳模精神的崇高追求和高尚品格

淡泊名利指的是劳动者能够豁达地看待自己的劳动所带来的名誉和利益，更加注重在劳动过程中收获的快乐。甘于奉献指的是将自己的精力、所有物奉献给他人或者集体。人的欲望是无穷的，在劳动过程中无疑会有各式各样的诱惑，一时的贪念或许可以驱使人中饱私囊，但是也只是以一时的满足换来无尽的懊悔。而将国家大局、集体利益放在第一位的人，不仅能够做到知足常乐、宠辱不惊，在劳动过程中实现自己的价值，也能得到所有人的尊重和爱戴。获得全国五一劳动奖章的我国著名地球物理学家黄大年，在国外功成名就、事业有成，本可以在国外与家人过安心舒适的生活，但他一心牵挂祖国，在2008年回到祖国，为我国地球物理研究做出了突出贡献，突破了国外对我国实行的技术封锁，取得了卓越的进步。广大劳动者不仅要做到自己应该做的，更要在此基础上有一种敢于牺牲的精神境界；要做到淡泊名利、甘于奉献，更要有一颗平常心，以平常心对待名和利，将自己的私欲控制在公序良俗、法律制度的范围内，要让奉献在付出中获得快乐，让奉献在无声中推动社会的发展，让奉献的精神永远留存。

四、弘扬劳模精神品格

习近平总书记指出：劳模精神、劳动精神、工匠精神是以爱国主义为核心的民族精神和以改革创新为核心的时代精神的生动体现。劳模精神已经成为时代永远需要的精神，即便社会财富再丰富，劳模精神也永远不会被时代抛弃。

劳模精神是实现中华民族伟大复兴中国梦的重要力量。在全社会弘扬和践行劳模精神，就是要营造尊重劳动、尊重知识、尊重人才的社会氛围，涵养以辛勤劳动为

荣、以好逸恶劳为耻的社会风气；就是要培育大批具有劳模精神的新时代大学生，让"劳动光荣、创造伟大"成为时代强音，为实现伟大复兴中国梦添砖添瓦；就是要牢记习近平总书记关于"建设知识型、技能型、创新型劳动者大军"的要求，发挥大学生在劳模精神培育中的主体作用。

（一）提高劳模精神认知

劳模精神伴随着我国革命战争时期而形成，丰富和发展于我国社会主义建设和改革时期，一直以来，劳模精神的内涵随着时代的变化不断地增添新的内容要素。

在新时代，我国面临着"两个一百年"奋斗目标和"民族复兴的中国梦"重要任务，我们仍然要继续学习和弘扬劳模精神，正如马克思在《〈黑格尔法哲学批判〉导言》中指出的那样，"理论一经群众掌握，就会变成物质力量"。可见，大学生要增强自主意识，提高劳模精神认知，掌握劳模精神内涵并且将其转化为物质力量。首先，大学生可以通过网络媒体，自主搜索和收集我国革命、建设、改革各个历史时期涌现的重要劳动模范人物和事迹报道，了解劳动模范人物为国家发展所做的贡献。自主学习劳动模范在把个人理想很好地融于国家理想过程中的高尚认知。其次，大学生要善于发掘身边的模范人物，如父母、教师、医生、社会企业家等，学习他们身上的精神品质，以这些优秀人物为榜样，激励自我创新创造，树立正确的就业观，塑造正确的劳动观，提高劳模精神认知。

（二）展示劳模精神意志

爱岗敬业、争创一流是每位劳动者的职业本分，也是正确的职业态度。艰苦奋斗、勇于创新是每位劳动者在工作中的意志表现，意味着不断克服艰苦，展示迎难而上的奋斗姿态。淡泊名利、甘于奉献是每位劳动者应该有的人生境界，可以让人在现实生活中感受生命的意义和价值。过度追求名利只会让自己活在自我编织的虚幻世界中，最终会被利益毒瘤吞噬。人的一切行为活动都是在现实生活中发生的，我们应该把自己真真实实地置身于其中，在头脑中形成意识，并且转变成为个人意志的动机，成为行为的动力。当前，青年大学生多是在校园环境中学习和开展活动，没有足够多的机会和时间参与社会实践，缺少真实的劳动经历。因此，大学生应该立足于现实中，在学习知识之余，把学到的知识积极运用于实践，再以实践为反馈，更进一步补充知识。大学生应该以敏锐的思维，积极洞察了解社会现状，发现现实的问题，尽可能地解决现实问题,脚踏实地,立足国情,凝聚斗志,把意志化为行动,在实际生活和工作中践行劳模精神。

(三)提升自我实干能力

我们的认识是从实践中获得的,认识的发展也是实践推动的。人们的实干能力可以通过实践锻炼得到增强。青年是苦练本领、增长才干的黄金时期。首先,新时代的青年大学生需要扎根于自己所在的领域,要真才实学,不懈追求创新创造,练就过硬本领。其次,新时代的青年大学生需要把自己的能力习得与国家的发展紧密联系在一起。大学生参与各种实践活动,练就本领,提升实践能力,不仅是为了达到个人梦,也是为了国家梦。大学生要增强主人翁意识,激励自我不断奋斗。最后,新时代的青年大学生需要具备克服艰苦的能力,在学习上克服艰苦,在工作中克服艰苦,在成长中克服艰苦。这些都是一个人的适应能力表现,也是劳模精神的素质要求。

五、实践体验

大学生地铁乘务员劳动实践活动是一项旨在服务于地铁乘客,以专业、友好的态度为乘客提供帮助,改善地铁出行体验的社会实践活动。在实践中,大学生通过为乘客提供信息咨询、乘车引导、协助特殊乘客、维持秩序等服务(图4-7),为地铁乘客创造一个更加友好、便利和有序的环境。大学生的劳模精神在地铁乘务员劳动岗位实践中体现为专业精神、团队协作、无私奉献和追求卓越。他们通过乘务员岗位劳动实践体验,为乘客提供优质的服务,可以提升地铁乘客的出行体验,展现劳模精神的光辉。

这项活动的实施需要进行一系列的准备和组织工作。首先,招募感兴趣的大学生,并建立一个实践团队。接下来,与地铁管理部门协商,了解地铁规章制度和活动安排,并获得必要的许可和支持。同时,为大学生提供必要的岗前培训,包括地铁知识、服务技巧、安全意识等方面的内容。

图4-7 学生志愿服务

活动实施阶段,将在地铁站内设立服务点,提供信息咨询、乘车引导、协助特殊乘客等服务。大学生将向乘客提供关于地铁线路、换乘信息、站点公告等信息,并解答乘客的问题。同时,大学生还将协助老人、孕妇、残疾人士等特殊乘客上下车、提供座位等,使他们能够更加便利和舒适地使用地铁。此外,大学生还将协助地铁工作人员维持地铁站内的秩序,引导乘客有序排队、遵守规定,确保地铁的正常运行和乘车安全。

在活动结束后进行总结和评估,收集乘客的反馈意见,与实践团队召开反馈会议,讨论活动中的问题和改进方法,并撰写活动总结和报告。通过这个过程,可以总结活动的成果、问题和改进计划,并向地铁管理部门和利益相关方汇报,以便进一步完善活动的效果和质量。

大学生地铁乘务员岗位实践活动对大学生具有多重意义。首先,它可以提供一个实践的机会,让大学生能够将所学知识应用到实际中,提高实际操作能力和实践经验。其次,它可以培养大学生的社会责任感和公民意识,让他们了解社会问题并积极参与改善社会的行动。最后,这项活动还可以提升大学生的沟通能力、团队合作能力和领导能力,改善他们的社交技巧。

(一)社会责任感和公民意识的培养

大学生地铁志愿者实践活动可以帮助大学生培养社会责任感和公民意识。作为志愿者,他们为地铁乘客提供帮助和服务,关心他人的出行需求和体验。通过这种实践活动,大学生可以更深刻地意识到自己作为一名公民所应承担的社会责任,促进社会的共建共享。

(二)地铁乘客出行体验的改善

大学生地铁志愿者实践活动的目标之一是改善地铁乘客的出行体验。志愿者可以提供信息咨询、乘车引导、协助特殊乘客等服务,使乘客能够更顺利、便捷地使用地铁系统。他们可以为乘客解答疑问、提供相关信息,并提供友好、热情的服务,增加乘客的满意度和安全感。

(三)个人素养和能力的提升

大学生地铁志愿者实践活动对大学生个人素养和能力的提升具有积极的影响。志愿者需要具备沟通能力、协调能力、解决问题的能力等。通过与地铁乘客的交流互动,志愿者可以提高自己的沟通技巧、人际关系建立能力和解决问题的能力。同时,志愿者还可以锻炼自己的团队合作能力、组织协调能力和适应能力。

(四)专业知识的实践与应用

对于学习相关专业的大学生来说,参与地铁志愿者活动是将所学知识应用于实践的机会。地铁系统涉及交通规划、客户服务等多个专业领域。通过参与志愿者活动,大学生可以运用自己的专业知识,提供专业的帮助和支持,增加自己的实践经验和应用能力。

(五)社会经验的积累和职业竞争力的提升

参与大学生地铁志愿者实践活动可以让大学生积累社会经验,丰富自己的简历和求职经历。志愿者经历可以让大学生展示社会参与度和服务精神,在求职时给用人单位留下积极的印象,提升自身的职业竞争力,使自身更具吸引力和竞争力。

(六)社会公德意识和文明乘车的倡导

开展大学生地铁志愿者实践活动有助于倡导社会公德,提倡文明乘车行为。志愿者的示范和服务能够影响更多的乘客,使他们更加注重公共秩序,互相尊重和关心他人,与志愿者共同营造文明、和谐的地铁环境。

第五章 践行工匠精神：淬炼大国工匠

导　语：

党的十九大报告提出："建设知识型、技能型、创新型劳动者大军，弘扬劳模精神和工匠精神，营造劳动光荣的社会风尚和精益求精的敬业风气。"党的二十大报告提出："坚持尊重劳动、尊重知识、尊重人才、尊重创造"。习近平总书记在全国劳动模范和先进工作者表彰大会上指出："在长期实践中，我们培育形成了爱岗敬业、争创一流、艰苦奋斗、勇于创新、淡泊名利、甘于奉献的劳模精神，崇尚劳动、热爱劳动、辛勤劳动、诚实劳动的劳动精神，执着专注、精益求精、一丝不苟、追求卓越的工匠精神。"对个人而言，掌握一技之长，淬炼精湛技艺，能够在平凡岗位上建功立业，实现人生出彩。在全社会大力弘扬工匠精神，培育精益求精、新益求新的工匠品格，则是推动高质量发展、实施制造强国战略、全面建设社会主义现代化国家的必然要求。

一、工匠精神的产生与发展

我国古代有"士农工商"四民之谓，其中的"工"就是指工匠，即有手艺专长的人，与之相匹配的工匠精神，一般理解为工匠艺人在专业技术上精益求精、在职业素养上脚踏实地的一种理想精神追求。[1]

工匠精神的产生源于传统手工艺。在中国古代，传统手工业在社会经济体系中占有举足轻重的地位，其发展与人民的生产、生活密切相关。手工业是中国古代经济发

---

[1] 张迪. 中国的工匠精神及其历史演变[J]. 思想教育研究，2016（10）：45-48.

展的历史化石，也是广大中国工匠艺人在长期的生产劳动中创造出来的文明成果，如制陶纺织、木雕石雕等生产工具和生活器皿等，都是手工制作的精品，承载着工匠艺人专注细心、耐心执着的精神。在中华五千年文明发展史中，手工业涌现了大批能工巧匠和大国工匠，有力推动了我国历史发展的进程。极具钻研精神的鲁班、"游刃有余"的庖丁、纺织专家黄道婆、铸剑大师欧冶子、技艺奇巧的王叔远等，都是我国古代有名的手工业者，他们深耕自己的专业，心无旁骛、远离浮躁，认真揣摩作品；他们不断追求创新，及时更新技术，精益求精、精雕细琢，力求达到完美；他们在自己的专业领域不断求索、不断试验、不怕失败，守得住节操、经得起诱惑，力求做出最精美的作品，影响深远，给后世留下了宝贵的精神财富和历史传承价值。清明上河图、敦煌壁画、故宫博物院、丝绸刺绣、中国瓷器等在中华文明史上流传千古，是中华文化的集大成者，是无数手工业者日复一日钻研打磨作品的成果，是中华文明繁荣发展的真实记载。

（一）孕育阶段：以天然产物为原料，注重简约朴素

在原始社会末期，人类社会经历了三次社会大分工，这三次重大的社会变革，不仅蕴含着中华优秀传统文化，也孕育着我国古代的工匠精神。第一次社会大分工，畜牧业从农业中分离。第二次社会大分工，手工业从农业中分离，出现了专门从事手工劳动的生产者，即手艺人或我们现在所说的工匠。第三次社会大分工，出现了不从事生产、专门从事商品交换的商人。由于物质生产落后，科技文明不发达，劳动者在制造劳动工具时往往以天然产物为原料制造生产、生活工具，从"打制"石器到"磨制"石器，所制造的工具从粗糙、不规则到光滑、匀称，从简单的石器、骨器、木器等工艺制作到复杂的制陶、纺织、房屋建筑、舟车制作等原始手工业，无不体现了早期工匠艺人完整朴素的工匠精神。

掌握好技术、练就好手艺，这既是古代工匠艺人谋生的必备条件，也是工匠精神的基本要求。比如，工匠用虎、熊、野猪、獐的牙齿作佩饰，特别是以鸟为表现主题的工艺制品不仅反映了河姆渡文化时期手工业的发展水平，更表明了一种构思严谨巧妙、技艺细腻娴熟的工匠精神。又如，氏族部落用以象征地位的鸟形象牙圆雕，不仅要对天然材料进行加工，在加工过程中还要改变天然物质的物理性能和形式，刀法巧妙敏捷，线条简洁流畅，神态栩栩如生，极像一只展翅飞翔的鸟的剪影。得益于专业工匠的精益求精，我们才能在原始文化遗产中发现这些巧夺天工的物件，它们凝聚着

我们中华民族的聪明才智,是我国工匠技艺具有悠久历史的实物见证。

(二)产生阶段:以德为先,强调德艺兼修

以德为先,不仅是我国古代工匠艺人必须遵循的职业准则,更是工匠精神得以产生的价值基础。春秋战国时期,以儒家思想为核心的政治伦理文化开始受到人们的广泛关注,"德为先,重教化"的圣人文化逐渐成为中华民族传统文化的重要内涵。随着生产力的发展和科学技术的进步,社会分工越来越细,职业也就越来越多,一些特定的职业不但要求人们具备特定的知识和技能,而且要求人们具备特定的道德观念、情感和品质。工匠艺人作为一种职业团体,为了维护职业威望和信誉,适应社会的需要,在职业实践中,根据一般社会道德的基本要求,逐渐形成自己职业的道德规范。①

对于工匠艺人来说,有"德行"不够,还必须有"技能"的加持。所谓"德艺兼修"就是指工匠艺人不仅要有一种道德精神作为内在熏陶,还要具备一种精益求精的技术精神。据《考工记》记载,战国时期,编钟极其精致,可以做到"圜者中规,方者中矩,立者中悬,衡者中水,直者如生焉,继者如附焉"。《庄子·养生主》也有记载"庖丁解牛"的故事。总之,我国古代工匠艺人不仅具备最基本的职业素养,更重要的是体现了一种"德艺兼修"的工匠精神。

(三)发展阶段:主张心传体知,注重技艺传承

所谓"心传体知"就是指以心灵相通的方式进行技艺的传承,强调以"心传心"的方式实现真正的领悟和体会。对于我国古代工匠艺人来说,技艺的传承不仅是一种单纯的技术学习,更是一种内在的艺术熏陶和无形的心理契合。进入封建社会以后,随着经济发展水平的提高和社会发展的需要,以血缘关系为标志的代际传承逐渐走出家庭,种类繁多、形式多样的职业教育开始成为我国古代工匠艺人之间的承接体系和传承方式,"心传身授"的教育模式逐渐成为培养工匠的主要途径。

精工良匠们依靠言传身教的自然传承,在传授手艺的同时,也传递了有耐心、专注、坚持的精神特质,而这种特质的培养,只能依赖于工匠艺人之间"以心传心、心心相印"的情感交流,以及"体察领悟,身知体会"的行为感染。在我国古代,工匠们由于特殊的工作、学习方式,技术上的成就大都是通过父子相传、师徒相承等传统方式流传下来的。随着手工业技术的发展,起初以家庭为单位的技艺传授扩大到邻里

---

① 张迪. 中国的工匠精神及其历史演变[J]. 思想教育研究, 2016 (10):45-48.

之间，父子相传逐渐演变为拜师学艺，师徒们在一起生活、学习、讨论、钻研技术，通过传道、授业、解惑的方式，不仅培养了大批手工艺人和工匠技师，也养成了他们尊师重道、谦虚好学的美德。此外，师徒相承，代代相传，不仅需要师父具备一定的传授技艺能力，还需要师父的博大胸襟与徒弟的聪慧勤奋。为师者，应当性格豁达、心胸宽广，倾己所有，把技艺都传授给徒弟；为徒者，不只是简单地继承师父的技艺，更要自强不息、独立自主，在师父的基础上进一步创造出新的手艺与技法。总之，工匠艺人们对职业的尊重，对专业精神的信仰，对技艺传承的执着，对师徒情义的敬畏，无一不体现出我国古代工匠精神的价值意蕴。

手工业作为非物质文化遗产的重要组成部分，代表了民族文化，传承了人文精神，浓缩了时代的创新成果。工匠是手工业的代表，是传统工艺的传承人，在不同的时代折射出新的光辉。在当代，不管是载人航天、蛟龙入海，还是北斗卫星、中国高铁等，每一篇华章都离不开工匠，都离不开工匠精神，手工业尤其是传统手工业是培育工匠的摇篮，是工匠精神得以形成的基石，更是民族文化传承与发扬的孵化器。

【典型案例】

鲁班，姓公输，名般，又称公输子、公输盘、班输、鲁般（古时"般"和"班"同音通用，故人们常称他为"鲁班"）。鲁班约生于周敬王十三年（公元前507年），卒于周贞定王二十五年（公元前444年），鲁国人（今山东滕州），是我国古代一位出色的发明家和技术家。

春秋战国时期是我国从奴隶制社会向封建制社会过渡的社会大变革时期。铁制农具的使用和牛耕的普及等诸多生产力的提高，使井田制逐渐瓦解。生产工具及生产方式的变革，为工艺技术的提高创造了条件。战国以前，工匠们一直从事着原始、繁重的劳动。鲁班创造出许多灵巧实用的工具，一定程度上让匠人们从高强度、高难度的生产劳动中解脱出来。长期以来，他一直被木工、石工、泥瓦匠等尊奉为"祖师"。"鲁班"这一名字成为我国古代劳动人民智慧的象征。人们将鲁班传诵得出神入化、无所不能，这既表达了民间百姓、百工匠人对他高超技艺的崇拜，也寄托了历代工匠改进生产技艺，力图征服自然、改造世界的愿望。

历史上真实的鲁班是一个跨学科、跨行业的复合型人才，是一个勤劳不息、刻苦钻研、勇于实践、善于发明、不断创新的科技巨人。他发明的飞鸢成为人类征服太空的首创，他发明的云梯、钩拒及其他军事器械促进了我国古代军事科学的发展。此外，他还有很多工具、工艺方面的创造与成就。鲁班是诸多行业的奠基者，是我国古代名副其实的"百工之祖"。正如孔子、孟子、墨子、孙子等众多历史人物一样，鲁班也是根植于人们心中影响深远的伟人。以鲁班为代表的我国古代的能工巧匠，创造出众多影响人们生活、促进社会进步、改变世界面貌的科技发明，这些创造及其包含的文化内涵值得我们研究、探索、传承，从而永无止境地向着宏伟的科技殿堂迈进。①

二、现代工匠精神的内涵与特征

工匠精神属于职业精神范畴，是从业人员职业价值观的体现和行为表现，与其人生观和价值观紧密相连，是人们在工作过程中对待职业的一种精神理念和职业态度。它主要含有"极致，精益求精""严谨，一丝不苟""耐心，坚毅专注"和"创新，专业敬业"等四个方面的精神内涵。

2016年3月，李克强总理首次在政府工作报告中指出："鼓励企业开展个性化定制、柔性化生产，培育精益求精的工匠精神，增品种、提品质、创品牌。"2018年3月，工匠精神三度写入政府工作报告："全面开展质量提升行动，推进与国际先进水平对标达标，弘扬工匠精神，来一场中国制造的品质革命。"工匠精神已成社会热议，培育"工匠精神"提升到了国家层面。

在"中国制造2025"战略实施背景下，弘扬工匠精神是提质增效的重要途径，不仅能够配合供给侧结构性改革，摆脱长期处于全球价值分工低端的窘境，实现从制造业大国向制造业强国的转变，同时也是应对以贸易保护主义为代表的反全球化逆流，打破国外技术封锁的关键所在。更进一步，伴随着社会各界对工匠精神的广泛讨论，工匠精神的影响已经不限于生产制造领域，更延伸到非物质生产领域，工匠精神在全社会再度回归，虽然与传统工匠精神一脉相承，但在当前，工匠精神又被赋予了新的时代内涵，成为凝聚全社会共识的时代精神与民族文化。②

（一）尊师重教的师道精神

在传统手工作坊，工匠间技艺的传承方式通过口传心授的方式完成，大多是子继父业或师徒相授。尽管这种技艺的传授方式存在着明显的弊端，技艺传承面临着极大的不稳定性和失传断代的风险，但它依然是过去工匠学习技艺的重要方式。一方面，

---

① 谷道宗，王光炎. 鲁班文化与工匠精神 [M]. 北京：清华大学出版社，2021.
② 高中华，赵晨，付悦. 工匠精神的概念、边界及研究展望 [J]. 经济管理，2020，42（6）：192-208.

学徒能否掌握技术、学到本领，才智、悟性以及刻苦程度成为能否学成技艺的决定性因素，正所谓"师父领进门，修行靠个人"，学徒必须尊重技艺，才有可能学会技艺；另一方面，学徒对待师父的态度也成了能否学成技艺的关键性因素，学徒为了学到技艺，必须做到恭敬师傅、尊重同门。中国历来就有"师徒如父子""一日为师，终身为父"之说，工匠精神就在这种尊师重教的师道传统中得以发扬光大。① 如今，尊师重教也仍然是工匠精神的重要内涵。强国必先重教，重教必须尊师。党的十八大以来，习近平总书记围绕尊师重教多次发表重要论述，充分体现了我们党在推进建设教育强国实践中，把尊师重教摆在全局工作中的重要位置，不断深化对尊师重教的当代内涵认识，为加快建设中国特色社会主义教育强国指明了前进方向，提供了根本遵循与行动指南。

（二）一丝不苟的制造精神

对工匠而言，制造器物的过程不同于标准化工艺下的大规模机器制造，"制造"意味着对其技术目的的再次创造。工匠在制造器物的过程中，按照近乎严苛的技术标准和近乎挑剔的审美标准，不计劳作成本地追求每件产品的至善至美，通过大繁若简的制作手法赋予每一件产品生命。这就要求工匠除了要掌握熟练的技艺或经验外，还要求工匠具备良好的心理素质和平和的制造心态，才能心无旁骛地制造出一件又一件精美器物。

强大的制造业是一个国家和民族强盛的基石。放眼世界，由守时守法、尊重权威、严谨认真、注重质量等精神品格所支撑的德国制造业，成为整个国家成功抵御金融危机的坚实依托。日本和瑞士等国制造业的匠心精神也使得其工业制造享誉全球。"中国制造"要实现弯道超越和自我突破，在根本上要依靠由亿万人构成的劳动者队伍及其兢兢业业、勤勤恳恳，创造性地做好本职工作的精神气度，② 秉持技术报国的理想信念，激发制造强国的匠心动力，进一步弘扬与铸就中华民族工业应有的"制造精神"——吃苦、敬业、钻研、创新和奉献，激发民族制造的内在精神动力，凝成一股革故鼎新的时代风貌，形成一种崇尚精良制造的国风、国韵与国魂。

---

① 李宏伟，别应龙. 工匠精神的历史传承与当代培育［J］. 自然辩证法研究，2015，31（8）：54-59.
② 庞丽娟，用"制造精神"引领"中国制造"［N］. 光明日报，2015-11-02（2）.

(三)求富立德的创业精神

养家糊口是绝大多数工匠最直接的现实目的。如何通过自己所掌握的技艺谋求经济利益、稳定社会地位、巩固社会关系,是工匠凭借其技艺立足社会后所必须面对的问题,创业则成为工匠凭借其技艺成就事业最好的途径。历史上,许多知名的制造业企业,起初都是靠一个或者一批工匠的艰苦奋斗逐步发展起来的。例如,世界知名光学仪器制造企业——卡尔·蔡司(Carl Zeiss)公司最初在耶拿创立了一个精密机械及光学仪器车间,并成功应用了创始人之一恩斯特·阿(Ernst Abbe)的科学成果,其领先的技术深受行业推崇,产品畅销全球,后来成为行业翘楚。[1]

创业精神是多种精神的高度综合。创新精神、拼搏精神、进取精神、合作精神等都是创业精神的表现。创业精神体现在开创前无古人的事业,其本身具有超越历史的先进性,想前人之不敢想、做前人之不敢做。"创业精神"是一种能够持续创新成长的生命力。个体的创业精神是指以个人力量,在个人愿景引导下,从事创新活动,并进而创造一个新企业;组织的创业精神则指以群体力量追求共同愿景,从事组织创新活动,进而创造组织的新面貌。不同时代的人面对不同的物质生活和精神生活条件,创业精神也就各不相同,创业精神的具体内涵也就不同。创业精神对创业实践有重要意义,它是创业理想产生的原动力,是创业成功的重要保证。[2]

(四)精益求精的创造精神

工匠"造物"的能力与技巧,既是检验、评判工匠技艺的首要条件,更是工匠智慧与灵感的集中体现,是匠人精神的精髓。工匠的创造性与顿悟式"灵感"的创造性不同,它更多地表现为累积式的渐进和改良。从工艺流程上看,工匠们不仅会从材质选料、毛坯定型、模具制作等"先天"方面进行塑造,还会从机械加工、成品打磨、喷涂抛光等"后天"方面加以改进。工匠根据长期的技术实践,对前人的发明制品或技艺进行改良创造,推陈出新、革故鼎新,这就是精益求精的创造精神表现。

习近平总书记在党的二十大报告中讲到,要在全社会弘扬劳动精神、奋斗精神、奉献精神、创造精神、勤俭节约精神,培育时代新风新貌。创造性是中华民族主观能动性的集中体现,是推动社会发展和文明进步的不竭动力。创造精神是中华民族精神

---

[1] 李宏伟,别应龙. 工匠精神的历史传承与当代培育[J]. 自然辩证法研究,2015,31(8):54-59.
[2] 殷剑敏. 论创业精神在艺术院校中的培养策略[J]. 扬州教育学院学报,2014,32(2):54-56.

的重要内核，贯穿于中华民族发展的过去、现在和未来。①创新兴则国兴，创造强则国强。要把全面建成社会主义现代化强国的宏伟蓝图变成现实，需要发扬创造精神，把握发展之机，开辟未来之路；要顺应时代发展趋势，把握数字化、网络化、智能化发展机遇，把创新摆在国家发展全局的核心位置，不断推进理论创新、制度创新、科技创新、文化创新等各方面创新，让创新贯穿一切工作，实现复兴梦想。②

（五）知行合一的实践精神

工匠操持技术、制作器物和传授技艺的过程可以从"知""行"两方面进行描述。工匠从学徒时起，就需要尽可能多地"知"，除了要向师父学习各种工具的使用方法和操练技术环节中的关键窍门外，还需要在平时自己操持技术时，对师父所授的技艺和诀窍不断加以揣摩和领悟，并长年累月地坚持；在"行"的方面，工匠不仅需要对自己所制的器物进行反复的比较、总结，更需要大胆实践自己的设计理念，勇于突破前辈的发明创造。可以说，"知""行"的结合程度是影响工匠技艺造诣高低的最直接因素，也只有在技艺的操持过程中做到了知行合一，才能更好地发挥出工匠的技艺水平。③

实践精神是指在具体的实际工作和实践中，积极探索、勇于创新、重视技能和专业知识，动手动脑、锤炼品质，不断取得经验和成果，并在不断总结中创造性地解决问题的精神。实践精神是一种具有创新、实践、勇气和毅力等方面特征的文化心态，是推动社会进步和个人发展的不可缺少的力量。中国式现代化的实践精神，是注重历史承续的精神，是弘扬优秀传统的精神，是"守正创新"的精神。实现中国梦更要注重实践实干。每一个国家，每一个民族，都有自己的梦想。但是，梦想不能成为空想，梦想必须依赖实践，只有实干才能成就梦想。对于青年来讲，要特别认识到，"奋斗不只是响亮的口号"，关键是要"做好每一件小事、完成每一项任务、履行每一项职责"，在积少成多中成就人生，在铁杵成针中成长成才。

【典型案例】

2021年1月25日，正在召开的上海市两会传出消息，将在年内推动国产大飞机C919

---

① 光明日报. 弘扬创造精神 实现复兴梦想［EB/OL］.（2019-12-27）［2024-08-16］. https://baijiahao.baidu.com/s?Id=1654029683714234917&wfr=spider&for=pc.
② 李岁月. 论习近平系列重要讲话中的劳动思想［J］. 武汉科技大学学报（社会科学版），2016，18（6）：630-636.
③ 李宏伟，别应龙. 工匠精神的历史传承与当代培育［J］. 自然辩证法研究，2015，31（8）：54-59.

取得适航证并交付首架。听到这个消息,中国商飞上飞公司高级技师、数控车间钳工一组原组长胡双钱感慨万千。多年来,他带领钳工班组秉承工匠精神,从事着C919上最为精细的重要零部件的加工工作,做到了让人叹为观止的"零差错"。

工匠精神是中华优秀传统文化的重要内容和宝贵财富。《考工记解》记载,"周人尚文采,古虽有车,至周而愈精,故一器而工聚焉。如陶器亦自古有之。舜防时,已陶渔矣,必至虞时,瓦器愈精好也",这反映的正是我国古代的能工巧匠们不断追求技艺精进的精神品格。

功崇惟志,业广惟勤。2020年11月24日,习近平总书记在全国劳动模范和先进工作者表彰大会上指出,在长期实践中,我们培育形成了"执着专注、精益求精、一丝不苟、追求卓越的工匠精神"。

工匠精神是时代精神的生动体现,折射着各行各业一线劳动者的精神风貌。"汉字激光照排系统之父"王选、"火箭发动机焊接的中国第一人"高凤林、先后八次打破集装箱装卸世界纪录的许振超等人,都是工匠精神的优秀传承者,他们让"中国制造"影响了世界。

习近平总书记在同全国劳动模范代表座谈时曾表示,"空谈误国,实干兴邦",实干首先就要脚踏实地劳动。实现"两个一百年"奋斗目标、实现中华民族伟大复兴,需要我们每个人主动践行、弘扬工匠精神,将自己对人生、对事业、对国家的热爱化作工作的激情,谱写敬业报国的时代乐章。①

三、践行工匠精神的意义和途径

在"中国制造"向"中国智造"甚至"中国质造"转型升级的过程中,国家迫切需要大量的人才支撑,技能型人才尤其是具有"工匠精神"的高素质人才是国家发展的重要力量。2014年,国务院印发《关于加快发展现代职业教育的决定》,明确提出"职业教育的人才培养目标是培养数以亿计的高素质劳动者和技术技能人才"。在供给侧结构性改革的背景下,企业在要求毕业生具备职业技能的同时,更青睐具有良好职业精神的高素质人才。培养具有"工匠精神"的技能型人才为中国制造转型升级奠定坚实的人才基础,是当前职业院校人才培养的重要内容,体现了职业院校的办学的文化软实力,同时也是学生获得职业知识、职业技能和职业道德的重要途径,促进学

---

① 罗旭,刘华东,李睿宸. 工匠精神:谱写敬业报国的时代乐章[EB/OL].(2021-02-10)[2024-08-16]. https://baijiahao.baidu.com/s?id=1691255394566589877&wfr=spider&for=pc.

生个人职业生涯的发展。

（一）厚植工匠文化，转变社会价值观念

工匠精神是新时代劳动精神的重要体现，新时代工匠精神的培育，离不开工匠文化氛围的滋养，更离不开崇尚劳动、尊重工匠的价值观念的引导。空谈误国，实干兴邦，要号召广大劳动者依靠辛勤劳动、诚实劳动、创造性劳动开创美好未来。全社会应形成工作合力，积极营造涵养工匠精神的社会价值导向和文化氛围，让工匠精神深入人心，扭转轻视劳动的落后观念，鼓励更多当代青年走技能成才、技能报国之路。一方面，应该把崇尚劳动、尊重工匠的价值观教育纳入国民教育体系，贯通到我国大中小学各阶段和青年成长成才全过程，让工匠精神成为当代青年的价值追求和职业素养。另一方面，要在全社会做好"大国工匠"和劳动模范事迹的挖掘和宣传，让社会各界在他们身上感受到劳动之美、匠心之韵，让劳动光荣、技能宝贵、创造伟大成为时代最强音。[①]

（二）坚持与时俱进，以改革创新彰显时代内涵

根据经济学边际效用递减规律，当工匠的技术水平达到某一程度后，单纯依靠提高时间成本提高技术的效果将逐渐减弱。在此背景下，弘扬和践行工匠精神就不能满足于继承原有技术水平，必须深刻理解其"精益求精、追求卓越"的精神实质，敢于和善于进行技术创新、管理方法创新和盈利模式创新等，实现智能化、数据化、个性化的革新。创新是引领发展的第一动力。因此，在新时代工匠精神的践行中，要尊重产业工人的首创精神，在广大技能人才队伍中加大创新精神培养，采取适当的激励措施，激发技能人才的创新热情，把工匠精神与新理念、新技术、新产品相融合，让工匠群体的众多微观创新源源不断地汇聚起产业升级换代的宏观动能。

（三）重视精神培养，推动技能成才和精神成人

当前社会上对技能型、职业型、创新型人才的培养重视不足，对工匠精神的学习缺少规模化、规范化的指导。2014年，习近平就加快职业教育发展做出重要指示，强调要"着力提高人才培养质量，弘扬劳动光荣、技能宝贵、创造伟大的时代风尚"，为技能人才培养指明了方向。2020年12月，习近平致信祝贺首届全国职业技能大赛举

---

① 林伯海，马宁. 习近平关于工匠精神重要论述的生成、意蕴及实践路径[J]. 思想教育研究，2021（12）：21-24.

办时强调,要"大力弘扬劳模精神、劳动精神、工匠精神""培养更多高技能人才和大国工匠"。在技能人才和工匠精神的培育中,不仅要注重青年的职业认知和技能教育,建立产教融合的技能人才培养新模式,加快构建与我国产业结构相适应的现代职业教育体系,而且要注重技能人才工匠精神的培育,促进技能成才与精神成人融合共进,不断提高人才培养质量,优化技能人才结构。[①]

(四)完善体制机制,提高技能人才的政治经济与社会地位

习近平在同全国劳动模范代表座谈时强调:"要坚持社会公平正义,排除阻碍劳动者参与发展、分享发展成果的障碍,努力让劳动者实现体面劳动、全面发展。"培养和弘扬"工匠精神",要注重健全制度体系,确保新时代的技能人才和劳动者在政治上有待遇,在经济上有保障,在社会上有地位,全面推动技能人才的成长成才。政治上,要打通职业技能人才的晋升通道,为广大技能人才提供更加广阔的发展空间和施展才华的平台。经济上,要完善社会分配方式和利益协调机制,为技能型工匠人才创造良好的工作和生活条件,实现精神愉悦与物质满足的有机统一。社会上,要肯定工匠群体做出的重要贡献,在全社会形成认同技能人才、尊重技能人才、争当技能人才的主流价值观念,让工匠群体获得应有的社会地位。

创新是一个民族进步的灵魂,是一个国家兴旺发达的不竭动力,也是中华民族最深沉的民族禀赋。在机械化生产与互联网产业日益发达的今天,创新变得容易,同时又变得非常困难。人们越来越追求产品的规模化和批量化生产,但是这些产品终究少了一些技艺的沉淀和凝练,而工匠精神则为产业发展注入了创新和活力。工匠精神并非墨守成规,相反,因为追求极致甚至完美,工匠精神更像是一种永不满足、不断超越的创新精神;工匠精神也不是因循守旧,它是在传统工艺的基础上不断创造新工艺、新技术的过程,传承与创新并存,其中包含的不仅是中华民族传统文化的沉淀与融合,更是浮躁社会所缺乏的一种坚定气质与坚守。[②]如今"中国制造"要走向世界,需要无数工匠艺人十年如一日地追求职业技能的极致化,靠着传承和钻研,凭着专注和坚守,实现从"中国制造"向"中国智造"的华丽蜕变。

[①] 林伯海,马宁. 习近平关于工匠精神重要论述的生成、意蕴及实践路径[J]. 思想教育研究,2021(12):21-24.
[②] 张迪. 中国的工匠精神及其历史演变[J]. 思想教育研究,2016(10):45-48.

【典型案例】

不同于传统工业时代的"工匠","数字工匠"并非普通技术工人,也不是科研人员,"数字工匠"所具备的关键能力正是数字素养。他们不仅掌握着现代工业的技术技能,也熟悉智能化网络化操作工艺,是可以利用数字技术创造性地改进提升传统产业的复合型技能人才。这是数字时代为"工匠"赋予的新特点,也是新时代对技能人才提出的更高要求。要想成为一名"数字工匠",独具"工匠精神"还不够,更需要激活"数字"匠心,实现创新突破。

中建海峡建设发展有限公司建筑信息模型技术工程师王小颖是"90后",她和她的"劳模师父"、全国五一劳动奖章获得者杨昆回顾起自己大赛的"夺冠之路",不由感慨:"大家都说我们在用数字技术构建了虚拟和现实之间的'云梯',而数字技能竞赛则帮我们构建起了追梦的'桥梁'。"

如今,以杨昆名字命名的劳模创新工作室,已帮助近百名一线施工员"变身"BIM工程师,杨昆的徒弟们也"征战"各大技能竞赛的赛场,期待着用自己的数字技能迎来职业生涯的高光时刻。

过去,我们对"好工人"的定义是善于创新创造。而现在,随着数字时代的来临,"好工人"的内涵已然发生改变。走进新时代,踏上新征程。我们可以预见,一支有理想守信念、懂技术会创新、敢担当讲奉献的"数字工匠"队伍正在汇聚起高质量发展的磅礴力量,助力"中国制造"向"中国智造"飞跃。

与此同时,为了让数字技能人才真正在经营发展中"挑大梁""当主角",相关企业要积极创新工作理念,建立健全技能评定标准,着力破除束缚人才发展的体制机制障碍,营造尊重技术、尊重人才、尊重创造的良好氛围,最大限度激发数字人才创新活力。当然,技能人才也要进一步提升数字技能,力争成为合格的"数字工匠",从而为建设制造强国、推动高质量发展贡献智慧和力量。

四、大学生如何培育工匠精神

(一)夯实专业基础,提升专业素养

科学知识教育既是提升大学生"匠"的能力的过程,更是提升大学生思想素质,优化大学生人格的过程。坚实的专业知识基础是培育大学生新时代工匠精神的前提,

大学生不仅要努力达到学校的成绩考核标准,而且还要从学习态度、学习动机、学习习惯、学习能力等诸多方面提升自己,以更好地适应未来工作的需要,同时还要培养良好的学习态度、学习习惯等,从而形成正确的世界观、人生观和价值观,提升大学生思想素质,从而促进良好人格形成。①

新时代工匠精神与大学生专业素养的融通过程要贯穿大学生学习生活。在低年级期间,大学生应熟识自身专业,制订专业规划。刚进入大学校门的大一新生,在面对自己的专业和未来的就业时,要认真权衡思考,这是在大学期间形成工匠精神并进而转化为自身专业素养品格的前提。大学生只有认知、认可自身专业,明晰未来学习生涯的前进方向,才能奠定大学专业学习的基础。在中年级期间,大学生应阅读专业书籍,夯实专业功底。每一个专业都有自身的专业特质,学生要向专业原著求专业之实、练就专业之功,不断形成自身对专业学习的追求精神和良好的职业品质。此外,大学生应积极参加学科竞赛,准备升学或就业。大学生要通过专业相关学科竞赛磨炼对于自身专业的敢于实践意志、实事求是精神、精益求精品格,用专业实践为自身专业素养品格形成奠定基础,为新时代工匠精神融入专业素养开辟可行之路。在高年级期间,大学生则要做好实习锻炼,重视毕业成果提交。大学生通过扎实的实习锻炼,不仅可以检验自己在大学期间的专业学习情况,也可以在社会和学校之间实现很好的衔接。②

(二)丰富校园文化实践活动,提升人文素质

人文素质是"真""善""美"在个体的体现。就工匠精神而言,其在价值层面上就是至精与至善的高度融合。工匠的能力和技艺决定着工匠的造物水平,但其更以追求造物的至精至美为使命,并通过这种追求表达自己的智慧,激发自己的灵感,以此展现自己的人生价值,而这也正是个体人文素养培养所追求的终极目标。所以,在培养大学生人文素养的过程中,要"以人为本",以工匠精神的内涵促进大学生个体的发展,促进大学生的潜能发展,让大学生在工作中找到自身内在的存在价值。丰富的校园文化实践活动不仅是学校塑造人格的途径,更是培养工匠精神的重要途径。③

校园文化实践隐含在校园文化艺术活动、学生社团活动、校内外志愿服务、科技竞赛、校外文化实践等校园文化活动中,大学生要积极参加各类文化实践活动,在活

---

①③ 沈明泓,戴中梁,李爽尔. 人格培养:职业院校大学生工匠精神培育的有效途径[J]. 教育理论与实践,2020,40(18):32-34.
② 高远,吕甜甜. 新时代工匠精神与大学生专业素养培育融通机制探析[J]. 江苏高教,2021(4):98-101

动中树立正确的世界观、人生观、价值观、荣辱观。大学生可以通过参加第二课堂活动，如参加文化素质教育讲座、名著导读、名作赏析、文艺汇演、课外阅读、体育活动等丰富多彩的文化活动，丰富课余生活，提高人文素质；同时也可以参加社会实践活动，如参观人文景点、古迹遗址、博物馆、纪念馆等，参加大学生暑期"三下乡"活动等，广泛开展社会调研、社会服务和访谈，广泛接触社会，在实践中提高自身的行为修养。[1] 此外，大学生也要对自身学习生活环境提出更高的要求，保持宿舍、教室、活动场所等的整洁、安全、有序，从小事做起、事事"讲究"，从而达到养成良好工作习惯、遵守工作规则、提高职业素养的目的。

（三）科学高效管理日常学习和生活，注重生涯规划

很多在校大学生不同程度地存在以下问题：一是没有学习动机，没有明确的学习目标，学习准备不足；二是学习基础较差，学习能力欠缺，缺乏学习的成就感和学习的喜悦感，厌学，缺乏学习动力；三是意志水平较差，自控能力较差，学习和生活缺乏目的性和秩序性等。大学生可以通过紧张有序、生动活泼的学习生活，认真、主动、勤奋、积淀、创新的学风，团结、拼搏、进取的班风等，在健康、良好、和谐、奋进的氛围里，培养积极向上的健全的人格。[2]

此外，大学生在学校期间要进行系统的职业生涯规划，包括学习规划和职业规划等。要把自身的成长与就业结合：以自身需求为起点，构建全程化的生涯教育体系，划分为认知期、意向期、决策期和执行期。在认知期，开展自我探索，积极探索专业环境和行业环境；在意向期，根据自身学习情况，完成专业决策，确定未来发展方向；在决策期，参加各类社会实践活动，积累和提升核心竞争力，同时验证、调整个人方向，为实现就业目标做好准备；在执行期，通过前期的探索和努力逐步实现个人目标，为下一阶段的学业或就业做好充分的准备工作。通过几个阶段的探索学习，大学生可以逐步树立服务行业发展的人生志向，在实践中体验劳动快乐，历练服务社会的本领。

---

[1] 苏高教. 高校大学生文化素质教育的整体推进[J]. 江苏高教, 2000（1）：84-86.
[2] 沈明泓, 戴中梁, 李爽尔. 人格培养：职业院校大学生工匠精神培育的有效途径[J]. 教育理论与实践, 2020, 40（18）：32-34.

五、实践体验

本单元设计的实践体验活动为汽车技术技能竞赛。

（一）实践目的和意义

汽车技术技能竞赛（表5-1）可以检验学生的理论水平，培养学生的创新能力和实践动手能力，提升学生职业能力和就业竞争力。同时，它可以丰富完善课程建设，使人才培养更贴近岗位实际，实现以赛促教、以赛促学、以赛促改，提升服务社会和行业发展的能力，培养学生对专业的兴趣。

表5-1 竞赛内容与岗位、知识、技能

竞赛内容	岗位	知识	技能
理论考试	汽车机械及电控系统维护、汽车电器维修、新能源汽车制造与检测等	维护、调整汽车检测设备的能力	掌握汽车性能和汽车检测的基本能力；具备汽车性能检测工作文件归档、评估和总结工作的能力
实操考试	汽车机械及电控系统维护、汽车电器维修、新能源汽车制造与检测等	正确使用汽车检测设备对汽车性能进行检测并根据标准、规范和规程等对检测结果做出判定的能力	具备阅读复杂的汽车电路和实车线路查找的能力；掌握车载网络通信及车身控制系统常见故障诊断与排除的能力

（二）实践内容

选手在车上进行汽车车身故障诊断与维修，使用组织方提供的维修设备进行比赛。此项目配分60分，比赛时间为45分钟（表5-2）。

表5-2 竞赛内容与分值、竞赛方式、竞赛时间

竞赛阶段	竞赛内容	分值	竞赛方式	竞赛时间
第一阶段（初赛）	理论考试（线上题库）	40分	1人独立操作	60分钟
第二阶段（决赛）	实操比赛	60分	1人独立操作	45分钟

竞赛器材配备详见表5-3。

表5-3 竞赛器材配备表

竞赛项目	赛项器材	说明	数量
汽车综合故障诊断与维修	车辆	丰田车	4台
	万用表	通用	4个
	翼子板罩布、前栅格罩布	通用	4套
	坐垫套布、方向盘套、脚垫、换档杆套、三角木	通用	4套
	拆装工具、工具车、零件车、举升机	学校提供	4套

（三）竞赛规则

（1）参加比赛的选手需提前报名，按照比赛要求，通过理论试题选拔，才能参加实操比赛，遴选出理论考试前30%名选手参加第二阶段的实操比赛。

（2）各参赛队员统一由教学助理安排训练时间，参赛队员在实训场所训练时，务必听从指挥，并按照操作规程规范操作，着车时，请务必按规范，符合安全操作流程。

（3）比赛顺序以抽签方式确定。

（4）比赛过程中，比赛参赛选手必须按照规定时间，核对校卡（学生证）完成检录并进入比赛场地，不得迟到，迟到10分钟将被禁止入场。

（5）参赛选手进入竞赛场地后，在规定时间内完成竞赛。

（6）竞赛过程中，参赛选手须严格遵守相关操作规程，确保人身及设备安全，并接受裁判的监督和警示；若选手违规操作，裁判组有权终止竞赛；若非因选手个人因素造成器材故障，由裁判组视具体情况做出裁决（暂停竞赛计时或调整至最后一批次参加竞赛）。

（7）参赛选手若提前完成竞赛，报告裁判，由裁判记录竞赛结束时间，之后参赛选手不得再进行任何操作。

（8）当裁判宣布整场竞赛结束时，所有选手必须立刻停止操作，在原地等候裁判的下一个指令。

（9）参赛队员需按照竞赛要求提交竞赛文字材料，并与裁判一起签字确认。

（四）实践要求

（1）遵循汽车维修安全操作规范。

（2）本项目为汽车故障诊断和数据测量，需独立进行故障排除、数据测量，考查学生的整体技术状况、诊断方法和测量工具的运用等要素。本项目配分100分，理论考试40分，实操考核60分。如发生安全或违规操作，本项目得0分。

（3）实操地点应准备消防器材和灭火器。

（4）每辆汽车由项目负责人指定人员进行安全检查。

（5）在实操竞赛同时安排红十字成员在现场待命。

（6）成绩评定：采用过程评价与结果评价相结合、能力评价与职业素养评价相结合的评价方式进行。

①第一阶段（初赛）：理论考试要求所有参赛选手参加。其余阶段：实操训练、比赛按指定时间进行。

②比赛总分为100分，总成绩=理论成绩（40%）+实操成绩（60%）。

③比赛训练中，如发生安全事故，取消参赛选手比赛资格；比赛过程中，发生安全操作事故，总成绩为0分。

（五）奖项设定

本赛项奖项计划设定：一等奖15%；二等奖25%；三等奖40%；优胜奖20%；优秀赛项助理若干（技术培训等赛项工作人员，视实际参与人数而定）。若比赛成绩出现总分相同的情况，以实操成绩优先。

（六）实践分析与反思

大学生参加汽车技术赛项，可以树立正确的劳动观念，养成良好的劳动习惯和品质，涵养必备的劳动能力，培育积极的劳动精神；同时，可以培养团队合作意识，通过组队参与，与其他选手交流和学习，不断提高自己的专业技能水平，展示自己的技能和风采，丰富课余生活，搭建展示自我的舞台。

第六章　实现体面劳动：让生命更有尊严

导　语：

"体面"一词，辞典解释为"体统、身份；光彩荣耀；相貌和样子好看、美丽"。在生活中，"体面"的词义往往包括"体态与脸、容貌面貌、名誉声望、面子情面、体制格局、体统规矩、好看漂亮、光彩光荣"等。顾名思义，所谓"体面劳动"往往被认为就是收入高的、劳动条件好的、有面子的劳动，有些人甚至认为坐办公室的工作才是体面劳动，而认为在一线从事技术和操作性劳动是不体面的劳动。根据相关的媒体调查显示，在受访的职业院校学生中，表示不愿当"蓝领"的占六成以上，大部分学生更愿意选择新颖的、光鲜亮丽的工作岗位。将未来职业定位在工厂劳动岗位，会低人一等吗？什么才是体面劳动？体面劳动的核心和本质是什么？为什么要努力实现体面劳动？怎样才能实现体面劳动？

一、体面劳动的内涵

随着全球化和技术的发展，劳动市场出现了新的挑战和机遇。在这个背景下，国际劳工组织在1999年首次提出了"体面劳动"（decent work）的概念，强调劳动不仅是经济生产的一种手段，也是人的尊严、自由和平等的重要体现，并将"促进工作中的权利""就业""社会保护"和"社会对话"作为推动体面劳动议程的四个战略目标。[1]

---

[1] 刘维涛，李昌禹，亓玉昆. 总书记这样礼赞劳动创造［N］. 人民日报，2023-10-09.

(一)体面劳动的历史背景

体面劳动这一理念的诞生,离不开特定的社会历史脉络,并与国际劳工组织过往在捍卫劳动者权益方面的诸多努力紧密相连。1995年的世界首脑会议是一个重要里程碑,各国政府领导人在此次会议上首次提出了劳工标准的概念,旨在提升劳工的社会地位,并为其提供全方位的社会保护。随后的1998年,国际劳工大会进一步通过《国际劳工组织关于工作中基本原则和权利宣言及其后续措施》,将劳工标准明确定义为"工人的基本权利",详细规定了劳动者在人身安全、健康、就业机会等方面的权益,并对用工过程中的伦理道德问题进行了规范。①

在这样的背景下,1999年6月的第87届国际劳工大会上,国际劳工组织总干事胡安·索马维亚创造性地提出"体面劳动"的概念。这一概念不仅直接回应了劳动者对自身权利的诉求,更成为尊重劳动者权利的一种生动而贴切的表述。由于它与国际劳工组织一贯秉承的保护劳工权益的理念高度契合,很快得到了组织的认可。此后,国际劳工组织不仅围绕这一概念制定了《体面劳动议程》,更在2005年的联合国大会上将其确立为联合国推动实现的千年发展目标之一。到了2008年,国际劳工大会进一步通过《国际劳工组织关于促进社会正义、实现公平全球化宣言》,将体面劳动从理论倡议提升为所有成员国必须共同努力实现的目标。

国际劳工组织指出,环境压力、经济不安全感、政府管理的缺失,以及收入分配的不平等是导致"非体面劳动"的根源。因此,要实现体面劳动,就必须坚决捍卫劳动者的权利,确保他们有足够的收入和工作机会,并获得全面的社会保护。体面劳动之所以被称为"体面",其核心就在于对劳动者权利的尊重,而这也是衡量劳动是否体面的重要标准。2015年,联合国大会更是将"促进充分的生产性就业和人人获得体面工作"作为可持续发展的重要目标,正式写入《2030年可持续发展议程》。

(二)体面劳动的概念内容

体面劳动包括富有成效的工作机会、公平的收入、工作场所的安全、充分的社会保障、较好的发展前景和社会融入、表达顾虑的自由、组织和参与到影响其生活和待遇的决策等。② 其核心内容是尊重劳动,尊重劳动者,让劳动者的尊严得到有效的保

---

① 联合国. 国际劳工组织关于工作中基本原则和权利宣言[EB/OL]. (1998-06-18)[2024-05-25]. https://www.un.org/zh/documents/treaty/ILO-1998.
② 崔岩,黄永亮. 就业技能与职业分化——农民工就业质量的差异及其社会后果[J]. 社会学研究,2023,38(5):112-133,228-229.

证。其目标是全体劳动者都能实现体面劳动。

体面劳动是人们在自愿和平等的基础上进行的，得到公正报酬，有保障的社会和经济权利，获得个人和家庭满意的工作情况。它是一种对劳动者权益的全面尊重，对劳动者身心健康的高度关注和对他们所做出的贡献的充分认可。

（三）体面劳动的重要内涵

体面劳动涵盖以下四个关键领域。

（1）自愿选择的机会：劳动者在自愿和平等的基础上有选择工作的权利，没有被迫或受欺诈影响的压力。

（2）公正的收入和待遇：劳动者应得到合理和公正的报酬，以维持适当的生活水平。

（3）安全和健康的工作环境：工作环境应提供必要的安全措施，防止事故和职业病，同时也应尊重劳动者的个人尊严。

（4）社会保护：劳动者应享有包括医疗保险、失业保险和退休金等社会保障福利。

从劳动者在劳动过程中的体面感总结，体面劳动的内涵表现为以下七个方面：①工资收入体面感，即劳动者能够获得一份维持"体面生活"的工资收入，并且能够感受到公平合理的工资差距；②就业保障体面感，包括稳定的工作岗位、充足的就业机会，以及完备的社会保障，从而保障劳动者的就业权利，免除其生计方面的后顾之忧；③工作氛围体面感，包括相对安全、舒适的工作环境，以及体现尊重、信任与相互支持的同事关系；④劳动强度体面感，即劳动者的工作时间与要求能够使其实现工作生活平衡，且工作带来的生理负荷与心理压力在可以接受的范围之内；⑤民主参与体面感，指劳动者能够通过工会维护自身权益或争取工作条件的改善，并有机会参与企业的经营管理决策；⑥职业发展体面感，包括具有技能多样性、自主性与成就感的工作内容，充足的在职培训与技能提升机会，相对明确的职业生涯规划与职业发展预期，从而使劳动者能够实现自身的成长与价值；⑦社会地位体面感，指一份工作能够凭借其贡献、价值与意义获得社会的认可与尊重，从而给劳动者带来自豪感与荣誉感。

体面劳动的具体内涵可以从三个方面进行理解。其一，体面劳动以尊重劳动和劳动者人格尊严为本质要求；其二，体面劳动以保障劳动者权益为根本目的；其三，体面劳动是劳动者实现自身目的和价值，消除异化劳动的途径。

【典型案例】

"女焊将"用焊花照亮美丽人生——王中美[①]

王中美（图6-1）是一名中专毕业的电焊工，受父亲的影响，她毕业后到中铁九桥工程有限公司当上了一名电焊工，先后参与了京沪高铁南京大胜关长江大桥、孟加拉国帕德玛大桥、沪通公铁大桥等世界级重大工程的建设。王中美用自己在钢梁焊接领域的专长，围绕施工技术难点积极开展科研，攻克了三代高强度高性能桥梁钢焊接技术难题，先后取得了27项技术攻关、17项创新成果，多项工艺填补了国内空白。她主持改进的焊接技法提高了50%的工效，被命名为"王中美焊接工法"，为我国桥梁建设事业做出了积极贡献。

图6-1　王中美在进行电焊作业

"电焊工作环境异常艰苦，有着狭窄的作业空间、闷热的焊接环境、弧光和焊花的伤害，长时间保持僵立的焊接姿势也让我感到不适，但看到自己亲手焊接的大桥横跨在祖国的江河湖海，为万千百姓带来出行便利，那就是最幸福的时刻。"王中美说。

风雨兼程二十三载，王中美在焊接事业上精益求精，用行动诠释了新时代"劳模精神"和"工匠精神"。她先后获得了"中国中铁十大专家型技术工人""中国中铁劳动模范""全国五一劳动奖章""中国青年五四奖章"等荣誉。

案例解析：该案例生动地展示了"女焊将"王中美的工匠故事。这与体面劳动紧密相连。她在技术卓越、职业道德和社会责任方面的表现，都充分体现了体面劳动的内涵和要求。她的故事不仅激励了广大劳动者追求技术精进和提升职业操守，也为推动实现更加体面、更有尊严的劳动提供了有力的榜样和示范。

[①] 余璐．"全国优秀共产党员"王中美：用"焊花"照亮美丽人生［EB/OL］．（2021-07-02）［2024-11-05］．http://finance.people.com.cn/n1/2021/0702/c1004-32147183.html．

二、体面劳动的意义与价值

（一）体面劳动的意义

人类的本质活动在于劳动，而这种活动是推动社会进步不可或缺的根本力量。马克思指出："任何一个民族，如果停止劳动，不用说一年，就是几个星期，也要灭亡。"① 劳动光荣、创造伟大，是马克思主义劳动观的基本观点，是对人类文明进步规律的重要诠释，也是深深植根于中华民族血脉的精神基因。习近平总书记多次强调劳动的重要性，指出"劳动创造了中华民族，造就了中华民族的辉煌历史，也必将创造出中华民族的光明未来"。

体面劳动不仅是经济发展的驱动力，也是社会进步和个人发展的关键因素，其意义主要表现在以下几个方面。

1. 实现体面劳动是落实"必须坚持人民至上"立场观点方法的必然要求

党的二十大擘画了全面建设社会主义现代化国家、以中国式现代化全面推进中华民族伟大复兴的宏伟蓝图，明确"中国式现代化是全体人民共同富裕的现代化"，将"坚持以人民为中心的发展思想"列为前进道路上必须牢牢把握的重大原则之一。党的理论是来自人民、为了人民、造福人民的理论，党的二十大报告系统阐述了习近平新时代中国特色社会主义思想的世界观、方法论和贯穿其中的立场观点方法，把"必须坚持人民至上"放在"六个必须坚持"的首位。人民群众蕴含着丰富的智慧和无限的创造力，实现体面劳动能够充分激发人民群众的积极性、主动性、创造性。在新时代的奋斗中，必须依靠人民群众的辛勤劳动、诚实劳动、创造性劳动，必须激发广大劳动人民的历史主动精神和劳动创造精神，必须让全体劳动人民体面劳动、全面发展。

2. 实现体面劳动是社会建设的重要基石

一是推动经济发展。体面劳动带来的稳定收入，可以激发消费，推动经济增长。此外，公正的报酬还能刺激劳动者提升自己的生产效率和创新能力。二是维护社会和谐稳定。体面劳动能保障劳动者权益，尊重劳动者尊严，从而增强社会的凝聚力和稳定性。三是促进个人成长和发展。通过提供体面劳动的机会，使人们有可能通过自己的努力改变生活，实现个人价值。

---

① 张世昌. 红色文化蕴含的劳动思想及其时代启示［J］. 中学政治教学参考，2023（20）：75-79.

3. 实现体面劳动是尊重和保障人权的重要举措

一是工作中的基本人权，关系着人道主义和劳动者的尊严与自由权利。二是就业和社会保障，属于生存权。三是社会对话，属于知情权和参与权，是保障劳动者实现体面劳动的基本手段。

（二）体面劳动的基本要求

1. 劳动者的权利要得到有效保护

体面劳动是美好生活的重要组成部分，党和国家高度重视劳动者实现体面劳动。劳动法、劳动合同法、就业促进法等法律法规对保障劳动者的健康权、休息权等都做出了明确规定，劳动者的权利特别是生命安全与健康权得到了有效保护，这也是实现体面劳动的核心要求。对此，习近平总书记强调，"任何以牺牲人的生命和健康为代价的所谓'发展'，都是不健康、不道德、不和谐的，也都不是真正的发展""我们的一切发展都必须以安全为基础、前提和保障，务必做到各领域、各行业、各经营单位的发展，都建立在安全保障能力不断增强、安全生产状况持续改善、劳动者生命安全和身体健康得到切实保障的基础上，做到安全生产与经济社会发展水平基本相适应，实现安全保障下的可持续发展"。①

2. 劳动者要得到合理的劳动报酬

一是劳动者得到的报酬要与其所付出的劳动量和质、所做出的贡献相称；二是劳动者的收入不得低于本国家、本地区、本行业最低工资标准；三是用人单位应定期、不拖欠地发放劳动者的报酬；四是劳动者的报酬要公平，这既是指要求劳动者之间的收入差距不能过于悬殊，要保证劳动者及其家庭的基本生活需要，也是指在同一单位工作的劳动者要做到同工同酬；五是随着经济社会的发展，国家不断增加劳动者的劳动报酬，并使之与国民收入增长的速度相适应，同样企业也要随着效益的提高而增加劳动者的报酬；六是要为劳动者构建合理的收入分配机制，尤其是要提高劳动报酬在初次分配中的比重，健全由要素市场决定的报酬机制。

3. 劳动者能得到充分且有效的社会保护

随着《中国工会法》《中华人民共和国劳动法》及《中华人民共和国劳动合同法》等法律的制定，围绕着发展和谐劳动关系，建立健全劳动关系协调机制，完善劳动保护机制，推出了一系列的社会保障体系、三级服务体系、民主管理制度、厂务公

---

① 习近平. 之江新语［M］. 杭州：浙江人民出版社，2007：227.

开制度，组织职工依法实行民主选举、劳动就业、三方会议、民主监督等，为保障工人阶级和广大劳动群众经济、政治、文化、社会权益打下了基础，也为发挥中国广大劳动群众积极性、主动性、创造性做了有效的探索。党和政府高度重视维护劳动者权益，保障劳动者主人翁地位；推进和实现"体面劳动"，充分发挥政府和社会各方的作用，为劳动者提供更多的职业教育和培训机会，大力提高劳动者的技能和素质，为劳动者实现体面劳动创造条件；通过立法和制定政策，建立健全民主管理制度依法保障劳动者享有广泛的民主权利，保障劳动者的主人翁地位；围绕劳动者最关心，最直接的现实利益问题，努力改善其在劳动就业、社会保障、劳动安全等方面的条件，保障劳动者特别是农民工的合法权益，维护社会性别平等和女工特殊权益，推动发展和谐劳动关系，促进社会公平公正，促进体面劳动的实现。

4. 能够为劳动者提供足够的工作岗位

为劳动者提供足够的工作岗位是实现体面劳动的基本前提。就业是最大的民生，党和国家有关部门坚持人民至上，贯彻以人民为中心的发展思想，推进更充分就业。一是加强就业创业工作，实施就业优先政策，推动经济高质量发展促进就业，推动出台政策支持灵活就业和促进农民工就业创业。二是构建和谐劳动关系，实现更高质量就业。三是提高公共服务能力，加强对劳动者的服务和指导。

（三）中国实现体面劳动的实践探索

在新世纪，"体面劳动"这一概念基本形成并得到了国际社会的广泛认可。通过这个概念，我们可以看到劳动的价值不仅在于创造经济财富，更在于维护和增进人的尊严和权利。从我国的实践看，面对国内外复杂的社会经济形势与经济新常态带来的战略机遇与挑战，实现体面劳动与构建中国特色和谐劳动关系、实现更加充分更高质量就业的发展目标相契合。

实现体面劳动，一方面要求政府、企业、工会等各级组织通过协同有效的制度、政策安排，保障广大劳动者的劳动权益；另一方面，也对劳动者的职业技能和素质提出了更高要求。体面劳动的实现与职业技能的提升是一个双向作用的过程。

从体面劳动的视角理解、构建和谐劳动关系，促成体面劳动与职业技能提升的良性互动，对于劳动者参与发展、分享发展成果，形成供给侧与需求侧的高水平动态平衡，进而转变增长方式、实现高质量发展具有重要意义，也是我国在实现体面劳动的实践探索方面的有益尝试。

2008年经济全球化与工会国际论坛开幕式上,胡锦涛同志在致辞中说道:让各国广大劳动者实现体面劳动,是以人为本的要求,是时代精神的体现,也是尊重和保障人权的重要内容。维护劳动者权益是工会的神圣职责。工会要积极为广大劳动者说话办事,特别是要致力于提高广大劳动者的劳动条件、劳动收入、劳动保障、生活质量,让广大劳动者特别是发展中国家广大劳动者更多分享经济社会发展成果。

在2010年4月27日的全国劳动模范和先进工作者表彰大会上,胡锦涛同志在讲话中提出"要切实发展和谐劳动关系,建立健全劳动关系协调机制,完善劳动保护机制,让广大劳动群众实现体面劳动",再一次提出"体面劳动",充分地体现了中央高层对劳动、就业领域的关注以及对劳动人民的关心。这一提法作为2010年3月温家宝同志所作的政府工作报告中提到的"让人民生活得更加幸福、更有尊严"的具体补充,充分体现了科学发展观中"以人为本"的核心理念。

进入新时代,习近平总书记更是多次提出"努力让劳动者实现体面劳动、全面发展"的具体要求。2015年国务院印发的《关于构建和谐劳动关系的意见》是我国构建和谐劳动关系的指导性文件。2015年,在庆祝"五一"国际劳动节暨表彰全国劳动模范和先进工作者大会上的讲话中,习近平总书记提出要"关注一线职工、农民工、困难职工等群体,完善制度,排除阻碍劳动者参与发展、分享发展成果的障碍,努力让劳动者实现体面劳动、全面发展"。在2020年11月的全国劳动模范和先进工作者表彰大会上,习近平总书记强调"要坚持以人民为中心的发展思想,维护好工人阶级和广大劳动群众合法权益,解决好就业、教育、社保、医疗、住房、养老、食品安全、生产安全、生态环境、社会治安等问题,不断提升工人阶级和广大劳动群众的获得感、幸福感、安全感"。党的二十大报告更是强调了新就业形态的劳动者权益保障问题,提出"健全劳动法律法规,完善劳动关系协商协调机制,完善劳动者权益保障制度,加强灵活就业和新就业形态劳动者权益保障"的明确目标。实现体面劳动不仅是解决劳资矛盾的关键切入点,也是让广大劳动者感受到获得感、幸福感、安全感和尊严感的重要途径。

三、实现体面劳动的途径

（一）劳动者明确自我定位，树立体面劳动价值观

明确自我定位，树立体面劳动价值观，是我们每个人在职业生涯中必须秉持的重要理念。自我定位，就是要清晰地认识自己的优势和不足，明确自己在社会、职场中的位置，找准自己的发展方向。这不仅需要我们深入了解自己的性格特点、能力水平，还需要我们关注市场动态，把握行业发展趋势，从而为自己制定出切实可行的职业规划。

在明确自我定位的基础上，我们要树立体面劳动价值观。体面劳动，不仅是追求高收入、好环境，更重要的是尊重劳动、尊重自己，实现个人价值与社会价值的和谐统一。体面劳动价值观要求我们在工作中保持敬业精神，尽职尽责，追求卓越，不断提升自己的职业素养和技能水平。同时，我们还要在劳动中关注自身的安全与健康，维护自己的合法权益，努力营造和谐、积极的工作氛围。

树立体面劳动价值观，意味着我们要摒弃那些不切实际的幻想和浮躁心态，脚踏实地，勤奋努力。我们要珍惜每一个工作机会，以积极的心态面对职场挑战，用实际行动践行自己的职业理想。只有这样，我们才能在激烈的竞争中脱颖而出，实现个人职业生涯的持续发展，为社会的进步和繁荣贡献自己的力量。总之，明确自我定位，树立体面劳动价值观，是我们走向成功的重要基石。

（二）发挥主观能动性，提高自我的全面发展

1. 劳动与人的全面发展相互联系

劳动对于促进人的全面发展至关重要，以劳树德、以劳增智、以劳强体、以劳育美，劳动是人的存在方式，是促进人的自由全面发展的重要手段和途径，离开了劳动就不可能有人的全面发展。

保障和促进劳动者的全面发展是劳动者的基本权利，是劳动者实现体面劳动和企业长远发展的重要条件，没有劳动者的全面发展和劳动者素质的不断提高，不仅劳动者的体面劳动难以实现，而且也无法充分调动劳动者的生产积极性，严重影响企业的生产效率和长远发展。

2. 劳动者全面发展是企业发展的根本动力

劳动者的全面发展被视为企业发展的根本动力，主要基于以下几个原因：一是促

进创新，全面发展的劳动者具有更高的专业技能和知识水平，从而推动企业的技术进步和产品改良；二是提升效率，当劳动者在职业技能、团队合作等方面得到全面发展时，他们的工作效率往往更高，进而提高企业的总体生产效率；三是增强自我实现感，劳动者的全面发展不仅是技能的提升，也包括世界观、人生观、价值观的成熟，这样的劳动者更可能对自己的工作有强烈的责任心和使命感，从而更积极地投入到企业的发展中；四是改善员工留存，全面发展的劳动者更容易感受到自身的成长和职业满足感，这有助于改善员工的工作满意度和忠诚度，降低员工流失率，保持企业的稳定性；五是吸引优秀人才，企业如果注重劳动者的全面发展，就能构建一个充满机会和挑战的工作环境，吸引更多的优秀人才加入。

因此，注重劳动者的全面发展，对企业发展具有深远影响。它不仅能推动企业的经济效益提高，也有助于企业在社会责任、企业文化等方面的提升，形成良好的企业品牌。

3. 促进劳动者全面发展的途径

（1）加强技能培训。技能培训是推动劳动者全面发展的重要途径，旨在提升劳动者的专业技能和职业素养，让他们更好地适应工作需求。

（2）提高职业素养。职业素养不仅包括专业技能，还涵盖了团队合作、沟通能力、职业道德等各方面，这些素养都是劳动者的全面发展中不可忽视的一部分。

（3）丰富文化生活。优质的文化生活有助于提升劳动者的精神面貌，激发他们的工作热情和创造力。

（4）培养兴趣爱好。兴趣爱好既可以作为放松和娱乐的方式，也可以培养劳动者的多元技能和创新思维。

通过这四个方面的努力，劳动者可以在技能、素养、文化、兴趣等多方面得到全面发展，从而更好地实现自我价值，同时也为社会、企业的发展做出更大的贡献。

（三）提高劳动者待遇，保护劳动者权益

1. 提高劳动者待遇是实现体面劳动的重要指标

提高劳动者待遇是体现劳动价值、保障劳动者生活质量的关键措施，是实现体面劳动不可或缺的一环。它直接关系到劳动者的生存状况和生活水平，更代表着社会对劳动的认可和尊重。

合理的薪资水平是劳动者维持基本生活和发展需要的保障，应确保劳动者的收入

与劳动付出相匹配，并考虑物价、生活成本等因素，适时调整薪资，让劳动者能分享社会经济发展的成果。

健全的社会保障体系是劳动者安全感和归属感的源泉，应建立健全的社会保障体系，为劳动者提供全方位的保障，如养老、医疗和失业等方面的保险。

改善工作环境也至关重要，应为劳动者提供安全、健康、舒适的工作场所，这不仅有助于提高工作效率，也体现了对劳动者身心健康的关心。

为劳动者提供广阔的职业发展空间和职业培训，能提升他们的职业技能，帮助他们实现个人价值。

2. **保护劳动者权益是实现体面劳动的重要保证**

劳动者权益，顾名思义，就是指劳动者合法、合理的权利和利益。

体面劳动不仅关乎劳动者的经济收入和社会地位，更在于劳动过程中的尊严保障和权益维护。在全球化和技术发展的背景下，保护劳动者权益成为实现体面劳动的重要保证。通过法律维权、社会维权、劳动者自我保护、工会维权、企业尽责等途径。可以保护劳动者合法权益

（四）尊重劳动，让每一位劳动者都体面起来

尊重劳动是一种优良品质，也是实现体面劳动的核心。尊重劳动既包括尊重他人的劳动，也包括尊重自己的劳动，更要尊重付出劳动的劳动者。若要在全社会形成尊重劳动和劳动者的风尚，就必须通过政府、社会、企业和劳动者个人的共同努力，让劳动者实现体面劳动，提高劳动者待遇，使劳动者的权益得到有效的保护，让劳动者在劳动过程中得到更全面的发展，真正让劳动者感受到劳动的光荣和美好，才能使尊重劳动落到实处。

1. **加快企业转型升级，优化劳动者就业环境**

"人的发展"是管理的核心价值。企业寻求的应是劳动伦理与企业文明的和谐、科学管理与人本管理的契合、技术进步与人性关怀的平衡。特色化创新、数字化赋能和人本化管理，可以加快企业转型升级，优化劳动者就业环境。

2. **开发人力资源，提升劳动者发展能力**

高技能工人严重短缺已成为中国制造业创新发展最醒目的短板。补短板需要拓展更多样的知识更新工程、技能提升行动，激发普通劳动者更全面的学习力和更强烈的进取心。职业教育承载着培养能工巧匠、大国工匠的重大使命，亟需更大的发展。提

升办学质量，可以解除社会对职业教育的疑虑，开辟贯通空间，扩大生源覆盖，培养更多新时代技能型人才，培养更多德智体美劳全面发展的社会主义建设者和接班人。

3. 开展社会劳动教育，重塑劳动者职业自信

社会劳动教育是重塑劳动者职业自信的重要手段，即通过弘扬劳动精神，树立积极的劳动价值观，提升公众对劳动的尊重和理解。幸福不会从天降，美好的生活是靠我们的劳动创造、奋斗出来的。建立公正公平的劳动效果评价体系，可以使得每一份工作、每一项劳动都能得到应有的尊重和认可。这种认可不应仅指经济收入，还应包括劳动者的专业技能、工作态度、职业发展等多方面。社会还应重建科学的人才评价制度，从学历崇拜转向能力取向，创新方式方法，充分激发广大劳动者为人生出彩、为国家强盛艰苦奋斗的澎湃激情和工匠精神。

四、实践体验

本单元设计的实践体验活动主题为"劳动教育进食堂，实践体验促成长"。

（一）活动目的

进一步深化校园文明创建，大力弘扬劳动精神，加强新时代大学生劳动教育，引导广大大学生以劳树德、以劳增智、以劳强体、以劳育美，激发大学生作为劳动者时的主动精神和劳动创造精神，领悟体面劳动的内涵，促进个体全面发展。

（二）实践意义

有利于让大学生体验基层工作的体面感，促进其全面发展；有利于引导大学生避免享乐主义、消费主义，磨炼道德品行，提高劳动光荣的价值感；有利于营造尊重劳动、劳动光荣的社会环境，提高基层劳动者的社会地位和威望。

（三）活动对象

全体在校学生。

（四）活动内容

（1）观摩学习后厨工作人员的配餐流程。

（2）积极参与大众窗口的午餐派发实践。

（3）协助参与食堂环境的卫生清洁工作。

（4）深入总结与发表个人感悟，体会劳动美。

（五）活动分析

（1）观摩后厨工作人员的配餐流程，可以让学生了解食堂日常运营的复杂性和精细性，并了解每一份餐食背后所付出的辛勤努力。

（2）积极参与午餐派发能让学生克服"面子"，并亲身体验到服务行业的忙碌与充实，培养学生的团队协作能力和责任感。

（3）参与食堂环境的卫生清洁工作，可以让学生深刻体会到劳动的重要性，以及维护公共卫生环境的责任感，培养勤劳、细致的工作态度。

（4）活动结束后，学生深入总结和发表个人感悟，不仅是对自己经历的一次反思，也是一次提升自我认知的机会。

（六）活动反思

体面劳动是大学生就业和择业过程中的重要目标，也是社会和谐与发展的重要保障。在校期间，有目的、有组织、有计划地对大学生践行体面劳动教育，有利于培养其树立正确的劳动观念，提高其社会责任感，提升其职业素养。

第七章 培育劳动品质：让职业更有发展

导　语：

　　品质，一指人的行为和作风所显示的思想、品性、认识等实质，二指东西的质量。① 劳动品质是指一个人通过劳动生活及后天教育所形成的与劳动相关的品质。《大中小学劳动教育指导纲要（试行）》提出，劳动教育的总体目标是"准确把握社会主义建设者和接班人的劳动精神面貌、劳动价值取向和劳动技能水平的培养要求，全面提升学生劳动素养，使学生树立正确劳动观念、具体必备劳动能力、培养积极的劳动精神，养成良好的劳动习惯和品质"。习近平总书记指出，"要加强对广大青少年的教育，让他们从小就树立起辛勤劳动、诚实劳动、创造性劳动的观念，不要养成贪吃懒做、好逸恶劳、游手好闲、投机取巧、坐享其成等错误观念"。劳动教育对劳动者的劳动品质提升起到重要作用。劳动教育要求大学生要在自觉自愿、认真负责、安全规范、坚持不懈地参与劳动的基础上，重点培养吃苦耐劳、诚实守信、依法履约、安全生产、勤俭节约和创造性劳动等劳动品质。大学生应当正确理解劳动品质的个人意义、团队意义、社会意义，进而培养良好的劳动品质，为将来走入社会、走向工作岗位打下坚实的基础。

一、吃苦耐劳

　　目前由于学校劳动教育弱化、家庭教养方式、社会环境变化、科学技术发展等因素的影响，部分学生存在吃苦耐劳认知弱化，知行脱节、眼高手低、缺乏实干，畏

---

① 李行健. 现代汉语规范词典［Z］. 北京：外语教学与研究出版社，语文出版社，2004：1009.

难、意志力薄弱，对劳动本质理解不透彻、自觉性和主动性不足等问题，劳动教育作为培养新时代大学生吃苦耐劳品质的主阵地，应该在引导学生深刻理解新时代吃苦耐劳本质的基础上，重点解决怎么更好地培养学生吃苦耐劳品质的问题。

吃苦耐劳是指个体在工作、学习、生活中，能够忍受困难和辛苦，毫不懈怠、毫无怨言、勇于承担责任并坚持努力的品质，具体表现为热爱劳动、勤劳务实、坚韧顽强等，它包含了对艰苦工作的积极态度、对困难环境的适应能力以及对完成工作任务的意志力和毅力。吃苦耐劳是中华民族的传统美德，是中国共产党的优良传统，是中国特色社会主义现代化建设者使命担当、勇往直前的奋斗志向和意志品格的体现，是人成长成才的路径和要素，是做人做事获得成功的关键。习近平总书记指出，"中华民族经历过许多磨难，但从未被压垮，而是越挫越勇，不断在磨难中成长、从磨难中奋起"。中华民族面对外敌、干旱、洪水、瘟疫等灾难，知难而进，迎难而上，逐渐形成了吃苦耐劳的独特品质。中国特色现代化建设是一项开创性事业，在行进的过程中必然会遇到风险挑战、艰难险阻，这就需要中国特色社会主义建设者坚守勤劳勇敢、吃苦耐劳的品质，有能吃苦、不怕苦的意志，有埋头苦干的能力、坚定不移的毅力，才能不断战胜困难，赢得最终的胜利。"天将降大任于斯人也，必先苦其心志，劳其筋骨，饿其体肤，空乏其身，行拂乱其所为，所以动心忍性，增益其所不能""艰难困苦、玉汝于成"，正是一批批吃苦耐劳的劳动者推动了社会的繁荣和进步，可见吃苦耐劳对个人成长和社会发展具有重要的作用。

（一）树立认同意识

随着生活条件的改善和信息时代的发展，互联网上一些不科学、不健康、不正确的言论，容易误导学生，使其陷入误解劳动、忽视劳动，甚至鄙视劳动的错误观念中，认为新时代已经不需要吃苦耐劳。究其原因，主要是学生存在对劳动、吃苦耐劳本质的理解不够深入、奋斗动力过度或者不足、面对压力存在不满或者愤怒等。历史是由广大劳动人民创造的，人类文明的发展史就是人类为了更好的生存而不断认识世界和改造世界的历程。劳动是一项有目的、有计划、有方法的重要社会实践活动，是创造社会价值的唯一途径，应尊重劳动，认可劳动的价值和意义，将劳动视为一种自我提升和为社会贡献的方式。如今国家的生活条件虽然有所改善，但个人发展压力、职业竞争压力、生活质量提升压力等依然存在，生活还没有绝对富足，富足的生活还需要通过吃苦耐劳获取和维护。新时代的大学生肩负民族复兴重任，要继续继承发扬吃苦耐劳的优良劳动品质，树立正确的劳动观念，热爱劳动，强化劳动价值认同，用行动展现新时代大学生的责任和担当。

（二）重视劳动体验

在学习中了解和领悟，在实践中体会。首先，用吃苦耐劳和劳动相关理论武装学生思想，使学生学习、效仿；以真实可信、可敬可学的个体真实成长的成功案例为载体，使学生通过间接劳动体验懂得任何事情都不可能一帆风顺，好事多磨，学会敢于吃苦、勇于耐劳、善于乐观，增加勇气、自觉性和自信心。"纸上得来终觉浅，绝知此事要躬行"，学习理论知识的目的是指导实践，并通过实践的反馈进一步完善理论知识。其次，用吃苦耐劳的劳动观指导劳动实践，使学生在实际的劳动中和处理各种困难的过程中，养成理性、积极作为、坚韧豁达、苦中取乐的品格涵养。再次，积极组织开展各种志愿服务活动、乡村振兴活动、创新创业活动等，加强学生勤奋教育实践、户外实训实践、体育意志锻炼、心理压力释放等活动，让学生走出网络、走出宿舍，走进生活、走进操场、走进社区、走进工地、走进乡村等，感受劳动过程对自身的影响，从而获得对具体工作的理解和认识。因此，大学生要在理论学习的基础上，重视劳动体验，打通知识世界和劳动世界之间的连接，回归生活世界，避开眼高手低的思维陷阱，做自己命运的主人，积极主动参与劳动，通过劳动体验深化理论理解，在生活世界中培养吃苦耐劳的品质。

（三）正确对待"苦难"

苦难是对环境、形势、局面的一种描述，也是对人意志品质的一种检验。个人能否做成一件事情，很大程度上取决于个体的意志力，表现为愿意付出时间、精力，克服困难，追求目标。志不求易，事不避难，只有勇于担苦、担难、担重、担险，才能跳出舒适区；只有不怕苦、能吃苦，才能锻造出坚韧的意志；只有经得起摔打、挫折、考验，才能成为奋斗路上的强者。一方面，劳动过程本身就是艰苦的，在艰苦的劳动过程中，劳动者可以培养正确的价值观和人生观、可以磨炼坚强的决心和恒心，可以锤炼意志力、增强毅力。另一方面，强大的意志力又是获得事业成功的重要保障，当劳动成果达到设定目标的时候，劳动者可以感受到强烈的成就感和获得感，在一定程度上提升劳动者的意志水平和增强劳动者的自信心。因此，新时代的大学生要有"愿吃苦"的思想；要有"敢吃苦"的勇气和自觉，敢于主动到劳动实践中"自找苦吃"，磨炼意志；要学会自我激励，在"自找苦吃"的过程中建功立业，实现个人价值，用实际行动诠释"强国有我"的誓言。

二、诚实守信

诚实守信是中华民族传统美德，视为"立人之本""进德修业之本"，它制约着其他美德；是道德建设的重点（《公民道德建设实施纲要》中明确提出"明礼诚信"的要求）；是市场经济秩序健康运行的基石，市场经济又称契约经济，正常的经济秩序需要用法律和诚信的道德觉悟共同维护。"诚实守信"，《辞海》将其解释为"遵守诺言、实践成约，从而取得别人的信任"，即始于诚实，终于信任。诚实是守信的基础，守信是诚实的体现。诚实守信的劳动品质是在劳动过程中，表现出诚实和守信的态度和行为。诚实是指在劳动中表现出真实、坦诚和诚实的态度，这意味着不伪造、不掩饰、不夸大、不欺骗和不隐瞒工作成果或过程。守信是指遵守承诺、信守约定和履行责任义务的能力和自觉，一定程度上表现为是否具备可靠性和可信赖性。一般来说，个人的守信程度越高，他人就越能依靠其承诺和信任其行动。面对多元化挑战和多种诱惑，新时代大学生要具有诚信意识，忠诚老实，有信无欺；要尊重自己即将从事的职业，遵守诚信规范，提升诚实守信的自律；要守诺践诺，言行一致、表里如一，成为诚实守信的践行者。

（一）增强诚实守信观念

当代部分大学生存在助学贷款不还、考试作弊、论文抄袭等不诚实守信的行为，造成面临信用危机成为失信人、违反公平规则被学校开除学籍、道德水平低下受到惩罚等后果，究其主要原因，还是缺乏诚实守信的观念，没有认识到诚实守信的重要意义和失信诚实守信行为可能给个人、社会和国家带来的危害。

在劳动教育中应增加诚实守信的相关教育。首先，要在劳动教育中开设诚信主题教育，帮助大学生明确诚实守信的重要意义，引导学生自觉接受诚信教育，从个体自身做起，做诚实守信大学生。大学是人生重要的学习阶段，诚实守信是学习知识的良好态度的表现，学习知识的良好态度是对己负责的前提和基础。其次，要加强对诚实守信的正向宣传，通过人物宣传、案例分析、相关法律制度讲解等，建设诚实守信的校园文化，营造诚实守信的氛围。最后，在劳动实践中，引导大学生增强分辨能力和提高敏感度，教育引导大学生在学习、生活中做出正确的价值判断。

（二）提升诚实守信自律

市场经济秩序建立和行业发展的基石主要是"法治"和"德治"。德治主要是以违法犯罪前道德教育、预防和舆论影响作为手段，是内在的道德和职业价值观。特别是在"陌生人"场域中，个体的诚信自律就非常重要。要做到诚信自律，就要发自内心地自觉守信，时刻自省，不欺己、不欺人，做到无论有无外界规则约束都保持诚信。大学生可以通过自我约束、自我调整，时刻审视自己的言行，把言行控制在诚信的范围之内，修身养性，用诚信自律促进个人的成长和发展，培养良好的职业道德和价值观，最终帮助个人在职业领域取得成功。

【典型案例】

全国诚实守信模范候选人——"诚信奶奶"陈金英

陈金英53岁时办厂，用3000元起家，艰难创业。当企业遭遇困难欠下巨款时，80岁的她选择勇敢担当。为了还债，老人顶着寒风摆地摊，90岁时终于还清所有债务，被人们誉为"诚信奶奶"。

20世纪80年代初，退休后的陈金英创办了专门为老年人做羽绒服的服装厂。2011年9月，公司因股东撤资引发资金链断裂，欠下了2077万元的巨额债务。这一年，陈金英已经80岁。有人劝她：申请破产，剩下的债务就不用还了。她没有这样选择，而是将厂房以900万元的低价转手，又卖掉了名下的两套房子，还了1800万元，但还剩欠款277万元。有的债主看她年事已高，提出"还不上就算了"。陈金英说："做人要诚信，不管怎样我都不能失信于人，钱是一定会还的。做人，背可以驼，但腰不能弯！"81岁的陈金英租了个小厂房，带了几个老工人，继续生产。可是羽绒服销路不畅，产品积压。到年底，她甚至无法支付12名员工的工资。陈金英横下一条心，一有时间就到街头摆摊卖羽绒服。好不容易凑齐了12万元，她将钱交给员工，让他们过了个安心年。就这样，她把钱存起来，一笔一笔偿还债务。直到2021年春节前夕，90岁的陈金英还完了最后一笔7万元欠款，划掉了还款名单上最后一个名字。

陈金英的守信事迹，让她荣登"中国好人榜"。

案例解析：陈金英奶奶讲诚信、重诺言，为我们树立了一个好榜样。期待人人都争做一个守信重诺的人，共建诚信法治社会。

（三）践行诚实守信

诚实守信不能只是高大上的口号，更应是实实在在的行动，人人都应从自己做起，将诚实守住记于心、践于行，让诚实守信成为价值追求和行动自觉。

大学生培养诚信行为，首先要树立正确的价值观和动机意识，用正确的价值观和动机影响自己做出诚实守信行为。其次，要在日常的劳动中，进行专项的自我控制训练，让自己在与本能斗争的过程中，产生诚信行为，强化诚信行为。在劳动实践中，我们难免会遇到一些诱惑，头脑中就会产生一些自私、偷懒的想法，这个时候我们可以通过自我提醒等方法与头脑中的不良想法做斗争，从而做出诚信行为。最后通过规则强化、团队合作、榜样模仿、激励和奖励评价机制等在一次次实践训练中，强化诚信行为，让诚信内化为一种行为习惯。

三、依法履约

依法履约的劳动品质指的是，在劳动过程中，遵守相关法律法规，尊重雇佣合同和劳动法规定的义务和权益，积极履行约定的劳动任务和责任的品质。劳动者依法履约，应具备遵守法律、合同和规则的意识、能力和行为，维护劳动关系的稳定与和谐，同时也要保障自身的权益。依法履约是社会主义法制所倡导的行为规范，不仅是职业发展坚实的基础，也有助于社会的法治建设和可持续发展。

（一）树立依法履约的意识

首先，学校应在劳动教育课开设相关的法律知识模块，主要讲授包括《中华人民共和国劳动法》《中华人民共和国劳动合同法》等与劳动关系和劳动权益相关的法律知识，使学生了解自己的权益和义务，理解劳动法律的重要性，明确依法履约的要求。学校还可以鼓励学生参与社会公益活动、劳动调研等，增强他们对劳动与法律之间的关系的认识。其次，教师可以开展示范案例引导，通过讲解真实的劳动案例或引导学生观察身边的劳动情景，帮助他们理解法律对劳动关系的规范和保护，让学生认识到遵守法律的重要性。同时，鼓励学生分析和辩论不同劳动纠纷的解决方法，培养他们依法解决问题的思维和态度。最后，学校应建立和完善与校园劳动相关的规章制度并进行依法履约的典型宣传。这些规章制度应当基于劳动法律法规，明确学生在劳动过程中的权利和义务，准确而清晰地规定学生勤工助学、劳动周、实习等行为要求和规范。

（二）开展依法履约的训练

人对于不熟悉且晦涩难懂的知识是需要通过不断地复习进行强化才能够记住的，依法履约的品质亦是如此，也需要不断地强化才能够内化于心。首先，学校要有意识地在校园范围内提前对学生进行劳动规则和流程训练，主要通过组织学生参与学校内的劳动活动，如打扫卫生、组织校园、宿舍文化活动等，学生可以学习和遵守相关的规则和流程，培养依法履约的意识和习惯。其次，学校可以创造企业实习、社区活动等社会、企业环境下的实践机会，让学生亲身体验劳动过程和劳动关系，并与雇主、同事等互动。通过劳动实践，学生可以更好地理解法律在劳动实践中的作用，培养学生的责任感和法律意识，并学会依法履约、维护自身权益。

四、安全生产

安全是人类生存和发展的最基本要求，是生命与健康的基本保障。安全生产的劳动品质是指在工作中具备良好的安全生产意识、安全生产知识和安全生产行为习惯的能力和素养，以确保工作环境的安全和自身的健康。安全生产劳动品质要求学生掌握必备的安全生产知识，养成安全生产意识，对保障学生的安全、培养合格的职业人才以及推动社会安全发展具有积极的作用。

（一）树立安全生产意识

只有思想状态安全，才会有行为安全，具有良好的安全意识的劳动者能够意识到工作中可能存在的安全风险和危险，保持警惕并主动采取预防措施，以避免事故的发生。在劳动教育中，要开展相关的安全生产教育和培训，主要培训内容包括日常的安全常识、防护知识和事故发生的应急处理措施等，安全生产方面的法律法规等，安全生产的操作规范和相关制度等，个人在安全生产过程中的权利和义务等。

（二）掌握安全生产技能

了解相关的安全常识、规范、操作规程和应急处理方法是安全生产的基础，以便能够正确应对各种安全问题和突发情况。首先，要引导学生在劳动过程中掌握一些必要的安全常识，如安全色的种类与安全标志的样式。其次，要教会学生正确使用安全防护用品，如正确使用安全帽、防护手套、防毒面具等安全防护用品，减少事故造成的直接危害，预防职业病。其次，开展应急培训和应急预案演练，类别主要有一般常见的事故应对培训和与专业相关的专项事故应对培训，让学生掌握常用的应急技巧和应急方法，帮助学生在事故发生时有效地实施自救和应急措施。

（三）履行安全生产行为

安全生产行为是指劳动者在工作过程中采取的能够保障自身安全和他人安全的实际行动。在各类的安全事故中，人的因素占据了非常重要的位置，几乎所有的安全事故都与人的不安全生产行为有关。菲雷尔把人不安全生产的行为的原因主要分为三类：超过人的能力的过负荷，与外界刺激不一致的反应，不知道正确方法或者故意采取不恰当的行为。在生产的过程中，要严格遵守相关法律，要严格执行生产相关的规程和标准，要注重工作纪律和操作规范，持证上岗，避免因个人能力不足/超负荷、不恰当行为造成的安全生产事故。具体的方法包括安排学生参与真实的劳动实践活动，例如校园维修、实验室操作、农作业等，让学生在安全监督下实际参与劳动。

五、勤俭节约

勤俭节约是指在劳动和工作中具备节约和合理利用资源的品质，它倡导一种适度、节用、合理的生活和发展方式，蕴含珍惜资源、保护环境的价值取向，包含以艰苦奋斗为荣、以骄奢淫逸为耻的道德品质，体现对可持续发展的重视、对子孙后代的负责，是社会文明的显著标志。勤俭节约主要包括勤奋努力、节约使用资源、精细管理与创新改进等方面的品质。勤奋努力是指以高度的工作热情和投入，主动融入劳动过程，充分发挥个人的潜力，追求卓越的工作表现。节约使用资源的劳动品质要求个体在工作中能够合理使用资源，尽量减少不必要的消耗。精细管理指的是对工作流程、资源分配等进行细致规划和管理，以提高效率和节约成本。创新改进则是通过创新思维和方法，寻找并实施工作过程中的改进措施，以进一步提高资源利用效率和工作效果。这些品质对于个体和组织的工作效率、成本控制、可持续发展等方面具有重要意义。

（一）树立勤俭节约的意识

目前，在生活各领域，存在不同程度的食物浪费、挥霍浪费、透支消费等现象，究其原因，有的是价值观扭曲，虚荣心作祟；有的是对勤俭节约没有意识，缺乏社会责任感，认为节俭与否主要取决于自身经济状况和生活水平，纯属个人行为，对其重要性缺乏全面认识。对于个人和家庭而言，勤俭节约体现为对自身劳动和他人劳动的尊重；对于社会而言，勤俭节约可大大减少社会资源浪费，减轻环境承载压力。任何物质财富的创造都凝结着劳动者的辛劳。首先，要在劳动教育中开展园林维护、食堂帮厨、播种施肥、剪枝清扫等劳动实践活动，让学生亲身参与劳动，体验劳动的辛勤和价值，引导学生尊重和珍惜劳动成果。其次，要开展绿色低碳等节约主题的宣传教育活动，引导学生养成以节约为荣的价值观念。最后，建立鼓励节约、浪费处罚的规则，强化学生勤俭节约的意识。

（二）掌握勤俭节约的技能

学校可以通过课堂教学和专题讲座，向学生传授勤俭节约的知识和技能，如资源利用、节能减排、消费理念等，让学生学习到如何合理管理资源、节约能源和物品，在生活中做到精打细算；组织勤俭节约典型展示活动，让学生在实际的衣食住行中践行和学习勤俭节约，如开展合理利用水、电、纸张、垃圾分类优秀个人或者宿舍评选活动。作为学生的榜样和引导者，教师应以身作则进行示范，在日常教育中要注重自身勤俭节约行为的树立，激发学生的模仿和学习动力，并在时刻的细节中教授学生勤俭节约的技巧。

六、创造性劳动

创造性劳动品质指的是在从事创造性劳动时所展现的一系列特质和能力。这些品质可以帮助个体更有效地生成创新的思想、解决问题和创造价值。中共中央、国务院印发的《关于全面加强新时代大中小学劳动教育的意见》提出，新时代劳动教育要"培养科学精神，提高创造性劳动能力"，并要求大力宣传"创造性劳动的典型人物和事迹"。创造性劳动能力是劳动者创造性劳动品质的外显，劳动者的创造性劳动品质直接关系到高素质人才培养、产业转型升级和经济高质量发展的有序推进。

（一）重视创造性劳动价值观的培养

创造性劳动的品质有助于提高学生的就业竞争力，培养解决问题和创新的能力，促进学生创造力发展，提升学生终身学习能力，并促进学生个人成长和自信心的培养。这些能力将对学生未来的职业发展和个人成就产生积极的影响。思想决定行动，大学生的劳动价值观直接影响着他们对创造性劳动的态度和践行。在新时代，要将创造性劳动品质融入劳动教育之中，要将习近平新时代中国特色社会主义思想融入马克思主义劳动观教育，让学生充分理解创造性劳动对经济社会发展的引领作用，深刻领会创新能力在当代经济社会发展和国际竞争中的极端重要性。

（二）开展创新性劳动专项训练

在劳动教育中，学校首先应开展创造性劳动思维训练，鼓励学生发挥自己的想象力、创造力、批判性思维能力分析和解决问题。其次，在劳动活动中，主动加入新知识、新技术、新工艺、新方法应用，提升学生就业创业能力和创造性劳动能力。再次，要注重劳动教育与专业教育结合的创造性训练。创新性品质可以保持大学生对社会发展变化的敏感性。专业教育是学生职业发展的基础，要针对不同专业的特点，探索以培养提升创造性劳动能力为导向的实践教学环节或模式、创造性劳动实践基地、跨学科、跨专业的创造性劳动教育团队，重点根据劳动实践性特征、市场化导向、个性化定制，有效培养学生运用专业知识和技能创造性解决问题的能力。

七、实践体验

本单元设计的实践体验活动为桥梁模型设计比赛。

（一）实践目的和意义

桥梁模型设计比赛可以检验学生桥梁理论知识学习效果，培养学生对桥梁工程的兴趣，挖掘学生创意能力，增强学生动手能力，提高学生力学水平和电算能力，提升学生职业能力和就业竞争力。

丰富完善专业领域课程建设，使人才培养更贴近实际，培养学生对桥梁工程的兴趣，充分发挥比赛的引领示范作用，实现以赛促教、以赛促学、以赛促改的产教结合格局，引领"三教"改革，提高人才培养质量。

（二）实践内容

表7-1 竞赛内容与岗位、知识、技能

竞赛内容	岗位	知识	技能
桥梁结构创意模型设计竞赛（创意组）	桥梁工程概念设计、桥梁工程科普等	桥梁工程知识等	简单定性力学分析技能、模型制作技能
结构模型设计竞赛（专业组）	桥梁与结构工程设计、施工、检测等	力学知识、材料知识、桥梁工程知识	力学分析技能、电算技能、模型制作技能

表7-2 竞赛内容与分值、竞赛方式、竞赛时间

竞赛阶段	竞赛内容	分值	竞赛方式	竞赛时间
第一阶段	桥梁结构创意书（创意组）/结构模型计算书（专业组）	20分/30分	团队创作	一天
	创意模型美学评价（只限创意组）	40分	团队制作和参与	一天
第二阶段	模型加载决赛(创意组)/现场答辩及模型加载（专业组）	40分/70分	团队参与（答辩1主答）	一天

（三）竞赛规则

1. 专业组参赛要求

（1）参赛者为土建专业群的学生。每个参赛队由2~3名学生组成，提倡参赛学生跨专业、跨年级组队。每位参赛者只允许参加一个参赛队，各参赛队应独立设计、制作。

（2）每个参赛队只能提交一份作品，并给作品命名。

（3）各参赛队必须在规定时间和地点参加竞赛活动，迟到或缺席者按自动弃权处理。竞赛期间不得任意换人，若有参赛队员因特殊原因退出，则缺人竞赛。

2. 创意组竞赛要求

（1）参赛者为全校学生，专业不限。每支参赛队由2~3名学生组成，提倡参赛学生跨专业、跨年级组队。各参赛队应独立设计、制作。

（2）每个参赛队只能提交一份作品，并给作品命名。

（3）各参赛队必须在规定时间和地点参加竞赛活动，迟到或缺席者按自动弃权处理。竞赛期间不得任意换人，若有参赛队员因特殊原因退出，则缺人竞赛。

(四)实践要求

(1)遵循生产安全操作规范。

(2)遵循赛项相关要求,自觉遵守纪律,服从指挥,听从安排,文明参赛,安全参赛,如发生安全或违规操作,本项目得0分。

(3)实操地点应准备消防器材和灭火器。

(4)由赛项工作人员在竞赛开始前对环境进行安全检查。

(5)在实操竞赛的同时安排红十字成员在现场待命。

(6)成绩评定:本次比赛满分为100分,包括结构造型与体系、理论分析、模型制作、叙述答辩和加载试验5个分项。

①结构造型与体系分项,满分10分,按模型结构的构思、造型和结构体系的合理性、实用性和创新性评分。

②理论分析分项,满分15分,按设计说明书、方案图和计算书内容的完整性、正确性评分。

③模型制作分项,满分10分,按模型制作工艺情况评分。

④叙述答辩分项,满分5分,按现场叙述和答辩情况,由评委当场给分。

⑤加载试验分项,满分60分,对挠度与承载力进行评分。

(五)奖项设定

本赛项奖项设为团体奖。创意组和专业组分开设置奖项,一等奖占比5%,二等奖占比10%,三等奖占比15%,优秀奖占比20%。若比赛成绩出现总分相同情况时,以第二阶段成绩优先。

(六)实践分析与反思

通过参加桥梁模型赛项,不仅可以更好地促进土建专业群学生对桥梁知识的深刻理解和运用,让学生在实践中更好地理解哪些因素在桥梁设计中比较关键,如结构的稳定性和合理性、连接处的设计等。创意组的设置,可以更好地做好科普和兴趣指引,引导学生关注和理解桥梁的复杂设计,激发学生的创意和锻炼学生的动手能力。通过第二阶段的组队参赛在一定程度上模拟现实中的工程协作,让学生提前理解和明白到,没有一个工程是独立完成的,都需要工程工作者共同努力,让学生意识到团队合作的重要性。赛项时间的限制,引导学生在学习期间和参赛期间体会到时间管理的重要性，学会合理规划时间。同时，桥梁模型设计赛项实践项目的设计可以让学生加强思考和实践，让学生在实际的动手制作中，思考相关的知识，直面困难，不断尝试，解决困难，培养学生解决问题的能力。

第八章 劳动技能成就人：技能提升如何助力多维成长

导　语：

　　学而不练，如同犁而不耕，无法收获丰硕的果实。真正的成长，单纯依靠思考是不够的，实际的劳动与技能的训练才是最有效的方式。空想并不能帮助我们真正掌握技能和成长。只有持之以恒地练习，我们才能日新月异，真正提升自身的能力水平。这不仅是职业技能的培养，也将推动我们的全面成长。正所谓"学而不思则罔，思而不学则殆"，想要取得长足进步，我们必须兼顾思考与实践。通过课堂学习掌握理论知识，同时在实际操作中不断训练提升自己。

一、家务劳动培养生活技能

（一）家务劳动的生活价值

　　家务劳动是人们日常生活中必不可少的一部分，也是一种非常重要的劳动方式。家务劳动是指在家庭中进行的各种劳动活动，包括但不限于清洁、整理、烹饪、洗衣、维修等。在现代社会中，人们的生活越来越便利，但是人们掌握家务劳动能力的意义并没有因此而减弱，相反，它的重要性更加凸显——不管是男性还是女性都需要掌握的技能。在大学生劳动教育中，家务劳动的实践，可以帮助学生提升生活技能，培养责任感，培养自我管理能力和解决问题的能力，建立正确的价值观和人生观，为未来的职业和生活打下坚实的基础。

　　"守正笃实，久久为功"蕴含着中华文明几千年的执着，强调坚守、脚踏实地、埋头苦干的重要性。日常琐事完成起来或许不易，但累积效果卓著。我们都知道，"一屋不扫，何以扫天下"，若连生活中最基本的事项都置之不理，更高层次的工作亦难以达成。所以，我们应以"治家有方，则天下治也"的态度看待每日的生活，从家庭起手，学习各种生活技能，打下个人成长的基础。我们应该，从清洁家、管理家、维护家，从提升自己的生活能力入手，掌握做家务的技能。

1. 家务劳动的变革和重要性

随着社会的发展和进步，家务劳动的方式和内容也在不断变革。现代家庭中，家务劳动不再是传统意义上的简单繁琐的家务劳动，更多的是多样化的生活技能。家务劳动在现代生活中扮演着非常重要的角色，家务劳动的实践可以帮助人掌握实用的生活技能，提高自理能力。

2. 家务劳动可以培养我们的生活技能

（1）提升生活技能。家务劳动是日常生活中必不可少的一部分，通过参与家务劳动，可以学习到许多实用的技能，如清洁、烹饪、洗衣、维修等，这些技能在日后的生活中将会非常有用。

（2）培养责任感家。家务劳动需要耗费时间和精力，通过参与家务劳动，大学生可以逐渐培养起责任感和使命感，认识到自己在家庭中的重要性和作用，同时也能够养成良好的习惯和品质。

（3）增强自理能力。大学生处于成长的阶段，逐渐接触到独立生活的环境，通过参与家务劳动可以熟悉生活中的各种琐事，提高自理能力，为日后的独立生活和独立工作做好准备。

（4）建立正确的价值观和人生观。家务劳动是一种无私的奉献行为，大学生可以通过参与家务劳动，逐渐建立起正确的价值观和人生观，认识到自己在家庭中的作用和责任，同时也能够培养出团队合作精神和感恩之心。

（二）日常生活中的家务

《关于全面加强新时代大中小学劳动教育的意见》指出，家庭要发挥在劳动教育中的基础作用，即注重抓住衣食住行等日常生活中的劳动实践机会，鼓励孩子自觉参与、自己动手，随时随地、坚持不懈地进行劳动，掌握洗衣、做饭等必要的家务劳动技能，每年有针对性地学会1~2项生活技能。

1. 清洁

清洁包括室内环境清洁和卫生间清洁两部分。室内环境清洁主要包括地面、墙壁、天花板、家具、窗户、灯具、电器等的清洁工作。卫生间清洁主要包括马桶、地面、水槽、浴缸、镜子等的清洁工作。以下是一些清洁小技能。

（1）使用正确的清洁剂：不同的清洁剂适用于不同的表面材料和污渍类型。使用正确的清洁剂可以提高清洁效果，同时避免对表面材料造成损害。

（2）使用清洁工具：选择合适的清洁工具可以提高清洁效果，同时也可以避免对表面材料造成损害。例如，在清洁窗户时，可以使用橡皮刮器和窗户清洁器，而不是使用普通的毛巾或抹布。

（3）注意清洁顺序：在进行室内环境清洁时，应该先清洁地面，再清洁墙壁和天花板，最后清洁家具和电器。这样可以避免清洁剂和灰尘污染地面。

（4）定期清洁：定期清洁可以避免污渍的积累，保持室内环境的清洁和卫生。例如，每周定期清洁地面、家具和电器，每月清洁窗户和灯具，每季度清洁墙壁和天花板。

（5）使用天然清洁剂：一些天然清洁剂，如白醋、小苏打、柠檬汁等，可以替代化学清洁剂，不仅环保，而且对人体健康无害。

2. 整理

整理包括室内物品整理和衣物整理两部分。室内物品整理主要包括书籍、文具、餐具、厨具、杂志等的整理工作。衣物整理主要包括衣物分类、洗涤、晾晒、叠放等工作。

1）室内物品整理

（1）分类整理：将不同种类的物品分门别类地整理，比如将书籍、文具、餐具、厨具、杂志等分类整理，便于日后查找和使用。

（2）放置归位：将物品放回其应有的位置，避免堆放在角落或乱七八糟地散落在房间各处，保持房间整洁。

（3）去除垃圾：及时清理房间中的垃圾，避免垃圾堆积，影响居住环境。

（4）减少物品：不需要的物品可以及时处理，捐赠、回收或卖掉等方式，减少物品堆积，让房间更加整洁。

2）衣物整理

（1）分类整理：将衣物按照类型、颜色、季节等分类整理，便于寻找和使用。

（2）及时洗涤：衣物使用过后及时清洗，避免污渍积累和异味产生。

（3）晾晒有序：衣物晾晒时可以按照类型、颜色、季节等分类晾晒，便于取用和管理。

（4）折叠整齐：衣物晾干后应该及时折叠整齐，避免衣物堆积和摆放混乱。

（5）定期清理衣柜：定期清理衣柜，将不需要的衣物捐赠或处理掉，避免衣柜过于拥挤和混乱。

洗衣是每日家务劳动的主要项目，包括衣物的分类、清洗、晾晒和熨烫等工作。在洗衣时需要注意衣物的材质和洗涤方式，避免对衣物造成损伤，同时也需要注意洗涤用品的选择和使用。现代家庭几乎都有洗衣机，单位宿舍内也有公用洗衣机，很多年轻人贪图方便，将内衣和普通衣服放在一起洗，可能会导致细菌污垢残留，增加传染疾病的风险，所以内衣的清洁和卫生非常重要。另外，还有很多学生在宿舍居住时仍然需要手洗衣服，所以学生需要了解手洗衣物的注意事项。

3）内衣清洗

（1）手洗衣物更健康：内衣最好手洗，因为洗衣机的内壁和滚筒里藏有许多污垢和细菌，内衣在机洗过程中容易受到污染。内衣一般相对较小，手洗会更加干净、彻底。如果必须机洗，最好使用洗衣袋。

（2）选择温和的洗涤剂：内衣的材质比较柔软，最好选择温和的洗涤剂，避免对内衣造成损坏。

（3）建议使用肥皂：肥皂具有良好的杀菌去污效果，且不伤皮肤，是手洗内衣的首选。如果有条件，我们还可以选购超市中专门用于清洗内衣的内衣皂，这种肥皂的抑菌效果更好，性质更温和。

（4）不要使用漂白剂：内衣的颜色比较浅，不要使用漂白剂，以免对内衣造成损坏。

3. 烹饪

烹饪包括菜品的选择、采购、处理和烹饪等工作。在进行烹饪时需要注意卫生和安全，同时也需要注意营养搭配和口感调配。现在大学生少在家做饭，独立工作后也没有很多时间用于做饭，可学习快速制作简易饭菜，如"电饭煲美食"。电饭煲是一种非常方便实用的厨房电器，不仅可以煮饭，还可以用来烹饪各种美食，只需要选择不同的功能和调味料，即可制作出口感和味道卓越的美食。以下是使用电饭煲烹饪美食的技巧和建议。

（1）煮汤：电饭煲可以用来煮汤，只需要将清水和食材放入电饭煲中，选择煮汤的功能即可。鸡肉、排骨、青菜、山药等都是简单易处理的食材。

（2）煲粥：电饭煲可以用来煲粥，只需要将米和水放入电饭煲中，选择煮粥的功能即可。煲粥时可以加入不同的食材和调味料，如红枣、桂圆、花生、肉丸等，制作出口感绵软的美味粥品。

（3）蒸菜：电饭煲还可以用来蒸菜，只需要将食材放入蒸盘中，再将蒸盘放入电饭煲中，选择蒸的功能即可。蒸菜时可以选择不同的食材和调味料，如鱼、蔬菜、肉类等，制作出健康营养的蒸菜。

（4）煮饭烧菜：电饭煲还可以用来烧菜，只需要将食材和调味料放入电饭煲中，选择煮饭的功能，待煮好饭后，再选择保温功能，让食材继续焖煮，即可制作出美味的菜品。

4. 维修

维修包括家具、电器、水管等的维护和修理工作。家用电器、家具等常常会随着使用频率、使用时间的增加出现这样或那样的问题，对于其中的一些小问题，我们完全可以自行修理解决，不必找维修工人上门维修。在进行维修时需要注意安全和操作规范，避免对家庭设施造成损坏。维修家庭设施时应注意以下安全事项与操作规范：

（1）熟悉设备情况：了解需要维修的设备结构、部件以及操作原理，搞清问题所在。

（2）准备必要的工具：确保手头具备所有需要的工具，如扳手、螺丝刀、电钻等，避免临时使用不当工具影响效率或造成次生损坏。

（3）关闭电源：对需要维修的电器，首先断开电源，避免触电；对涉及水电的设备，应先关闭水电开关。

（4）保持通风：维修需要施用胶水、油漆等的物品时，应打开窗户通风，防止中毒。

（5）精密操作：在修理精密度高的物品时，可利用放大镜或夸张手势来增加工作效率和确保安全。

（6）用旧配件替代：在更换配件时，尽量采用与原配件完全相同或者更好的替代品。

（7）检查功能：维修后要彻底检查设备功能是否正常，以及是否还存在隐患，必要时多测试几次。

（8）规范回收：替换过的配件要妥善回收，溶剂或废液要根据种类进行分类回收。

（9）记录维修手册：每次维修都应记录过程与结果，以供日后参考。

（三）家务劳动技能在大学集体生活中的应用

大学生集体生活是一个培养学生全面发展的重要环节，其中包括家务劳动技能的应用。家务劳动技能的掌握不仅有助于提高学生的生活自理能力，还可以培养他们的团队合作、责任意识和社会责任感，为加快成长和创业就业奠定基础。在大学集体生活中，应立足个人生活事务，结合新时代校园爱国卫生运动，注重生活能力和良好卫生习惯培养，树立自立自强意识。

1. **个人应掌握基本家务**

学会自理生活必需的基本家务技能，如手洗衣物、整理床铺、打扫卫生等。保持个人良好的卫生和生活作息，避免影响他人，这是寝室里室友之间友好相处之道，对未来的生活、事业都有好处。

2. **宿舍的清洁与维护**

大学宿舍的清洁与维护是保持良好居住环境的重要方面。每个学生都应该尽自己的责任保持宿舍的整洁和卫生。定期清洁宿舍是必要的，宿舍成员可以制定一个日常清洁计划，包括打扫地面和表面、整理家具和物品，以及清洁寝具和窗帘。同时，垃圾处理也是重要的，要将垃圾分类并正确投放，定期清空垃圾桶。维护宿舍设施也是必不可少的，要谨慎使用电器和设备，及时报修损坏或故障的设施，并定期检查和清洁空调和通风系统。最重要的是，宿舍的清洁与维护需要宿舍成员共同努力，制定宿舍共享责任协议，分工合作，通过共同努力，创造一个干净、整洁、舒适的宿舍环境，提高居住质量和生活品质。

3. **集体生活的礼仪与组织**

寝室是大学生学习、生活的主要阵地，也是建立和谐人际关系的基础，良好的寝室文明氛围是大学生学习和生活的保障，室友之间更应该注意礼仪、友好相处。在个人隐私方面，要学习尊重他人时间、空间的隐私。此外，应注意个人卫生，保持个人空间整洁干净。公用物品和区域方面，应小心放好公用物品，保持出入场地整洁，避免造成环境混乱；合理控制音量，晚上保持安静。在室友关系方面，定期召开室友商议会，讨论生活难点，及时调整改进措施；督促室友勤于履责，遵守寝室公约，促进团队协同与进步;培养助人为乐的精神,利用基本家务技能,对需要帮助的室友及其他同学伸出援手。

【典型案例】

制定和执行《大学文明寝室公约》让生活更和谐

某学院在宿舍楼试行《大学文明寝室公约》(简称《公约》),试行期间选取2022级和2023级的混合寝室302房作为试点之一。

《公约》实施前,302房6名室友之间生活习惯不同,经常因卫生、作息问题等起争执,室内气氛不佳。辅导员分析每个同学的习惯、性格后,结合学校作息制度,引导学生讨论并提出意见,商议确立了公共区域卫生的值日制度、作息制度、个人卫生制度,最后制定了《公约》。

《公约》实施后,学生一开始有一些不适应,在辅导员、班主任、宿管员、学生干部的共同监督下,学生不断调整,逐渐适应。此后,他们还定期召开室友会议,上报生活中的重要事项和潜在矛盾,及时沟通意见,修订了《公约》部分内容。半年来,该寝室卫生管理有条不紊,生活习惯变好,他们还经常一起学习、休闲,关系也越来越友好。

经过《公约》的引导,302房的学生不仅生活质量及效率明显提高,关系与氛围也更密切和睦。这给《公约》实施提供了重要参考。

案例解析:通过制定和执行《大学文明寝室公约》,学院为学生宿舍提供了明确的行为准则和规范。《公约》的制定过程充分考虑学生的参与和意见,增强了学生对《公约》的认同感和遵守意愿。《公约》的宣传和签署过程进一步加强了学生对《公约》的理解和责任感。执行和监督机制确保了《公约》的有效实施。定期评估和修订保证了《公约》的适应性和可持续性。通过制定和执行《公约》,学生宿舍内的和谐、文明和秩序得到了有效的促进和维护。

二、专业实践培养职业技能

(一)专业实践对职业技能的价值

教育部关于印发《大中小学劳动教育指导纲要(试行)》的通知指出,职业院校要依托实习实训，参与真实的生产劳动和服务性劳动。我国产业结构持续优化升级，已成为拥有联合国产业分类中全部工业门类的国家，200多种工业品产量居世界第一，制造业增加值自2010年起稳居世界首位。[①] 社会对专业化人才需求的增加、人民对自身发展意愿的提升对高校人才培养提出了更高的要求。实习实训作为专业课堂教学的延伸，是将理论专业知识和专业技能从"知道"转化为"运用"的过程，是培养大学生专业能力与就业竞争力的主要教学环节，因此，加强实习实训中的劳动知识技能教育是促进学校教育与社会需求无缝衔接的有效手段，是必要且重要的。

专业实践是高职教育的重要组成部分，是学生将所学专业知识应用到实际工作岗位环境中的重要环节。专业实践可以使学生系统地掌握专业技能，提高操作能力，了解和适应未来的工作环境和职业发展方向。专业实践本身是一种劳动教育，是开展新时代高校劳动教育的主阵地，是发挥"以劳树德、以劳益智、以劳健体、以劳育美"协同育人功能、培养德智体美劳全面发展的社会主义建设者与接班人的主渠道。开展专业实践，对学生的成长和就业具有重要意义。

（1）巩固专业知识，提高技能水平。专业实践可使学生进入实际工作环境，针对真实的工作任务运用所学专业知识，达到理论联系实际、知行合一的目的。在实践中检验所学知识，发现不足，达到对知识的深化与内化。

（2）了解行业情况，培养职业素养。专业实践让学生置身于实际的职业环境中，了解行业的发展动态、企业的运作模式、岗位的具体要求等，培养职业意识，提高就业适应能力。

（3）锻炼职业技能，增强竞争力。专业实践重在技能的反复操练与应用，培养学生的操作能力，达到熟练掌握职业技能的程度，为毕业后能够胜任工作岗位打下坚实基础，增强就业竞争力。

（4）明确职业方向，实现自我价值。专业实践使学生能亲身体验不同岗位的工作内容，深入了解行业与企业信息，有助于学生明确自身的职业兴趣与方向，为未来的职业发展做好规划，实现自我价值。高校要抓好实习实训中的劳动教育，推进劳动教育与实习实训相融合，在实习实训中融入劳动价值观、劳动态度的教育，让劳动品质根植于学生心灵，让劳动成为一种习惯。

---

① 国家统计局：我国产业结构持续优化升级［EB/OL］．（2019-07-02）［2024-11-03］．https://news.cctv.com/2019/07/02/ARTImgdT7e51FIR3oTxa94v9190702.shtml．

【典型案例】

高职生实习"热情冷却" 近六成学生选择弃权

据记者日前调查了解,当前多所高职院校均反映学生参与实习的热情出现下滑,选择"弃权""旁观"的学生人数较往年明显增加。

统计数据显示,某机电职业学院机械专业三年级学生的实习参与率不到六成,超过四成学生选择放弃重要的实践锻炼机会。其他专业情况也类似。

针对实习积极性不高的原因,学生反映主要集中在三个方面:一是对实习收获和效果不看好,担心单调重复、学习价值低;二是不想让实习影响正常作息生活;三是担心实习期过长,延误正常毕业时间。

"以前学长反馈实习就是干些繁琐的基础工作,自己动手做得少,所以我打算出去自己找份兼职,既能学到东西又能赚钱。"一名汽车修理专业学生表示。

针对实习参与度下滑的情况,学校有关负责人表示,将联合企业优化实习方案,提供多样化实习岗位;同时加强对学生的思想政治工作,让其正确认识实习的意义。专家则建议,学校、企业可以适当缩短实习时间,给予一定补助等措施,提高学生参与度。

案例解析:近年来,全国普通高校毕业生规模持续超过千万,2024年之后的未来5年,我国毕业生就业总量压力都会比较大,高质量就业实习实践的结构性矛盾较为突出。着力解决就业实习实践的结构性矛盾,应从政府、学校、企业及学生入手,持续优化岗位供给、完善制度保障、提高学生实习实践能力,建立以高质量就业为导向的实习实践体系,助力更多毕业生找到合适、满意的工作。

(二)专业实践的内容和形式

专业实践的内容丰富多样,既包括专业知识的应用,也包括对专业技能的训练。专业实践采取灵活多样的形式,以适应不同专业的需要。当前,各高校根据国家要求,不断推进劳动教育与实习实训相融合,以及推进实验实训课程建设,积极拓展实习合作企业与行业部门,建成一系列实验教学中心和实习实训平台,以满足高校人才培养需求,但是实习实训与劳动教育的融合度仍有待提升。

1. 课堂实训

课堂实训是指在教室或实验室等校内环境中进行的实践性教学活动,旨在通过模拟真实工作场景或实际操作,帮助学生将理论知识应用到实际中,并培养相关的实践能力和技能。课堂实训的目的是将理论知识与实际操作相结合，提高学生的实践能力和技能水平。通过课堂实训，学生可以在相对受控的环境中进行实践，减少风险，同时获得教师的指导和反馈。课堂实训也可以为学生提供一个相对自由的实践空间，使他们能够在实践中发现问题、探索解决方案，并培养创新和实践能力。课堂实训有以下特点。

（1）环境控制：课堂实训可在受控的校内环境中进行，通过模拟真实的工作场景，创造出符合实践需求的教学环境。这样可以确保学生在安全、稳定的环境下进行实践，减少潜在风险和不确定性。

（2）教学资源：课堂实训通常可以充分利用学校的实验室、设备和教学资源，提供适合实践教学的工具和材料。学生可以在教师的指导下，熟悉和操作相关设备，进行实际操作和实验，加深对知识的理解和掌握。

（3）教师指导：在课堂实训中，教师扮演着重要的角色，他们可以提供关于实践操作的指导和技巧，解答学生的问题，纠正他们的错误，并及时给予反馈。教师的专业知识和经验可以帮助学生更好地理解和应用所学知识。

（4）合作学习：课堂实训通常可以通过小组合作形式进行，鼓励学生之间的合作和互动。学生可以在团队中分工合作，共同完成实践任务，培养团队合作精神和沟通能力。

（5）实践操作：课堂实训注重学生的实际操作。通过亲自动手进行实践，学生可以巩固和应用所学的理论知识，提高实际操作的熟练度，并培养解决问题的能力。

2. **课程设计**

学生可以根据专业知识设计实际工作中的项目，如机械专业学生设计机械设备，会计专业学生设计企业财务方案，等等。课程设计是一个很有价值的学习方式，可以帮助学生养成设计和解决实际问题的能力。为了有效完成课程设计，可以采取以下步骤。

（1）确定任务目标：清晰地了解要解决的问题和预期结果，明确设计任务的范围和限制条件。

（2）收集信息：查阅相关资料，了解课题背景、现有解决方案和技术标准，通过问询专家获取第一手信息。

（3）分析和综合：对收集到的信息进行分析，抽取关键要点，归纳现有方案的优缺点。

（4）创建原型设计：基于上一步分析得出的结论，制作初级方案设计图解、参数表和操作说明等。

（5）评估和优化：与指导教师和行业专家进行交流，接受指导和听取意见，对设计方案进行必要的修改完善。

（6）完成最终方案：完成设计报告、图解资料、附属说明并署名。

（7）演示与评价：向老师和同学展示设计方案，接受反馈，收集评价与建议，有助于将来开展其他的项目。

（8）总结经验：归纳分析整个设计过程，记录得利与不足，为日后的设计工作积累经验。

3. 校内实习

校内实习是指学生在学校内的各个部门或单位进行实习，通过参与实际工作任务和项目，了解企业管理、网络维护、设备保养等方面的工作。这种实习形式可以为学生提供一个真实的工作环境和实践平台，培养他们的专业综合运用能力和实际操作技能，比如学校设立劳动周，采用专题讲座、主题演讲、劳动技能竞赛、劳动成果展示、劳动项目实践等形式进行。学生也会被分配到学校各部门协助工作，体验工作实习，了解学校各部门是如何运转的。校内实习主要有以下几种。①图书馆实习：参与图书管理、借还书记录、阅览服务等工作。②校园网络中心实习：参与校园网的维护、日常管理和故障排除等工作。③实验室实习：参与实验设备的管理和日常保养工作。④体育馆实习：参与体育设施的管理和维护，组织校内体育活动。⑤学生俱乐部或社团实习：参与活动策划、组织实施和日常管理。⑥宿舍实习：参与宿舍维修、对外服务等工作。⑦食堂和食品安全实习：参与食堂管理和食品储存、制作过程监测等工作。⑧学生科技联合会实习：参与学科竞赛，参与科技创新项目，学习相关知识。

校内实习对职业技能培养的好处：①实践操作能力：校内实习使学生能够亲身参与实际工作任务和项目，通过实践操作，掌握相关专业技能和工作流程。学生可以学会如何运用所学的理论知识解决实际问题，提高实际操作的熟练度。②专业知识应用：通过校内实习，学生可以将所学的专业知识应用到实际工作中。他们可以了解不同部门的工作职责和业务流程，理解专业知识在实际工作中的应用和重要性。这有助于加深对专业知识的理解和掌握。③综合能力培养：校内实习可以培养学生的专业综合运用能力。学生可以在实践中学习如何协调各种资源，解决实际问题，提高综合分析和决策能力。他们还可以培养自我管理、团队合作和沟通等方面的能力，提高综合素质和职业素养。④职业规划与就业准备：校内实习为学生提供了一个了解不同工作领域和岗位要求的机会，帮助他们进行职业规划和就业准备。通过实习经历，学生可以了解自己的兴趣和擅长的领域，明确自己的职业目标，并积累相关工作经验和人脉资源。⑤与学校资源结合：校内实习可以充分利用学校内部的各种资源和设施，提供良好的实践环境和支持。学生可以接触到学校内部的专家、教师和行业合作伙伴，获得他们的指导和支持，拓宽自己的视野和人际关系网络。总之，校内实习是一种有效的实践教学方法，学生可以通过在学校内部部门的实习经历，了解企业管理、网络维护、设备保养等工作，并培养专业综合运用能力。这种实习形式能够为学生提供实践环境和支持，促进学生的实践能力和职业发展。

4. 校外实习

校外实习是指学生在校园以外的实际工作场所或组织中进行实践性工作的经历。这种实习通常是与学生所学专业相关的，在一定期限内，学生有机会将在课堂学到的理论知识应用于实际工作中，并获得实践经验。校外实习的目的是为学生提供与所学专业相关的实际工作机会，帮助他们将理论知识与实际操作相结合，增强职业素养和实践能力。

校外实习的具体操作流程可能会因学校和实习机构的要求而有所不同，但以下是一般的校外实习操作流程。

1）筹备阶段

（1）学校指导：学校通常会提供有关校外实习的指导和政策说明，包括实习要求、时间安排、报名流程等。

（2）实习选择：学生根据自己的兴趣和专业需求选择合适的实习机构或组织，并了解其实习要求和申请程序。

2）申请与安排阶段

（1）实习申请：学生向实习机构提交实习申请，可能需要提供个人简历、推荐信、成绩单等材料。学校提供实习申请表格，按照要求办理实习手续。

（2）实习安排：实习机构根据学生的申请材料和实习需求进行筛选和安排，确定实习的具体岗位、时间和任务。

3）实习进行阶段

（1）实习协议：学生与实习机构签订实习协议，明确双方的权利和责任，包括实习期限、工作内容、保险和待遇等。

（2）实习指导：学生可能会被分配给一位实习导师或指导人员，其负责指导和监督学生的实习工作，并提供必要的培训和支持。

（3）实习工作：学生按照安排的岗位和任务，积极参与实际工作，运用所学知识和技能，完成分配的工作项目。

4）实习评估与反馈阶段

（1）实习报告：学生可能需要撰写实习报告，记录实习期间的经验、收获和反思，以及所参与的项目和任务。

（2）实习评估：实习机构或导师会对学生的实习表现进行评估，考核学生的工作质量、进展和职业素养等方面。

5. 社会调研

走访企业和调查市场是社会调研中常用的方式，能够提高对行业动态和就业形势的了解。以下是在进行这种类型的社会调研时可能采取的一些步骤和方法。

（1）确定调研目标：明确调研的目的，如了解特定行业的发展趋势、就业市场的需求和变化等。

（2）确定调研范围：确定要调研的行业、地区和时间范围，使调研具有明确的定位和重点。

（3）走访企业：选择代表性的企业进行走访，可以是在目标行业内的大型企业、中小型企业或创业公司等。与企业负责人、员工或相关部门进行交流和访谈，了解他们对行业现状、趋势和就业形势的看法。

（4）调查市场：通过市场调研方法，了解目标行业的市场需求、竞争格局、消费者偏好等信息，可以采用问卷调查、访谈、观察等方式收集数据。

（5）数据分析：对收集到的数据进行整理和分析，提取有关行业动态和就业形势的信息，可以使用统计分析、内容分析等方法进行数据处理和解读。

（6）结果呈现：将调研结果整理成报告、演示文稿或其他形式，清晰地呈现行业动态和就业形势的分析和结论，可以以图表、案例分析、数据对比等方式呈现，使得结果更具说服力和可视化。

通过走访企业和调查市场完成的社会调研可以提供实时的行业信息和就业趋势，对决策者、企业和求职者都具有重要意义。它可以帮助政府制定相关政策，帮助企业了解市场需求和竞争情况，同时也可以为求职者提供就业指导和职业规划的参考。

6. 毕业设计

毕业设计是大学生在完成学业前要进行的一项重要任务，旨在通过系统地应用所学知识针对实际生产问题设计解决方案，并检查学生的专业知识掌握程度和综合运用能力。下面是大学生毕业设计的一般过程和目标。

（1）选题和确定目标：学生根据自身的专业背景和兴趣选择一个合适的毕业设计课题，并明确设计的目标和要求。选题应该与专业相关，并具有实际意义和可行性。

（2）文献综述和理论研究：学生需要进行相关领域的文献综述，了解已有的研究成果和理论基础，为毕业设计提供理论支持和参考。

（3）方案设计和实施：学生根据选题和目标，设计解决方案的具体步骤和方法，并进行实施。这可能包括数据收集、实验设计、模型构建、软件开发等具体工作。

（4）数据分析和结果验证：学生对所收集的数据进行分析和处理，验证设计方案的有效性，可以使用适当的统计方法和工具对数据进行处理，得出结论和结果。

（5）结果呈现和报告撰写：学生将毕业设计的结果整理成报告、演示文稿或其他形式，清晰地呈现设计过程、分析结果和结论。报告应该具备逻辑性、准确性和规范性。

（6）答辩和评审：学生需要参加毕业设计的答辩和评审，向指导教师和评委展示设计成果，并回答相关问题。评委会根据设计的质量、创新性、实用性等方面对毕业设计进行评议和评分。

毕业设计的目标是检验学生在专业知识掌握和综合运用能力方面的水平。通过毕业设计，学生能够将所学的理论知识应用到实际问题中，培养解决问题的能力、创新思维和团队合作能力。同时，毕业设计也是对学生综合素质和专业能力的一次综合考核，对学生的综合素质和就业竞争力有着重要的影响。毕业设计要求学生具备系统思维以及分析问题和解决问题的能力。同时，还需要具备文献查阅、数据分析、实验设计和报告撰写等技能。学生在完成毕业设计的过程中，还应具备良好的时间管理、团队协作和沟通能力，以确保设计任务的顺利完成。毕业设计是学生综合应用所学知识解决实际问题的一项重要任务，对学生的专业素养和综合运用能力进行考核。它既是学术研究能力的锻炼，也是学生实践能力和就业竞争力的展示。

三、义务劳动培养社会能力

（一）义务劳动对于培养社会能力的价值

义务劳动是指个人自愿参与社会公益活动，无偿为社会、他人或特定组织提供劳动和服务的行为。它不以获得经济报酬为目的，而是出于对社会责任的认同和对他人福祉的关注。社会能力是指一个人在社交互动和社会环境中所展示的一系列技能和行为特征。它涵盖了个体与他人有效沟通、合作、建立良好人际关系、解决冲突、适应社会规范和文化等方面的能力。社会能力对个人的发展和成功至关重要，它有助于建立良好的人际关系、提升职业竞争力、增强自信心和适应能力。这些能力可以通过学习、实践和经验的积累不断提升和发展。

义务劳动不仅有助于建设更加和谐的社会，还能提供一个让参与者提升社会能力的平台。义务劳动提供了一个宝贵的机会，可以在实践中提高社会能力。大学生通过参与这些活动，可以在与人交往、解决问题、团队协作、决策制定、冲突解决，以及领导力等方面得到提升，这些都是在社会生活和职业生涯中非常重要的能力。无论年龄、背景或职业，都应该考虑参与义务劳动，以提高自己的社会能力。

（二）义务劳动的内容和形式

义务劳动的内容与具体形式相关，可以涉及环境保护、教育支持、社会服务、医疗卫生、文化艺术、紧急救援等各个领域，目的是改善社会和他人的福祉，满足社会的需求。具体的内容会根据不同的义务劳动项目和组织而有所差异。义务劳动的形式和内容可以多种多样，以下是常见的几种形式。

1. 社区服务

社区服务包括参与社区组织的志愿者活动、社区清洁、环境保护、社区活动组织等，为社区居民提供各种形式的支持和帮助。社区组织常常需要志愿者的支持以组织和执行各种活动。个人可以自愿参与志愿者活动，如社区活动的策划、组织和执行工作。这可能涉及协助组织社区庆典、文化节日、体育比赛等，提供志愿者服务，帮助社区居民参与其中。社区服务的目标是为社区居民提供帮助和支持，促进社区的发展和提高社区的整体生活质量。通过参与社区服务，个人可以提升自己的社会责任感、团队合作能力、领导才能和人际交往技巧。同时，社区服务也有助于培养社区居民的参与意识和团结意识，促进社区的和谐发展。

（1）社区清洁：社区清洁是保持社区环境整洁和卫生的重要方面。个人可以参与社区清洁活动，如定期组织社区垃圾清理、道路清扫、公园清理等。这有助于改善社区的外观，提高居民的生活品质，并增加社区的吸引力。

（2）环境保护：环境保护是社区可持续发展的重要组成部分。个人可以参与社区的环境保护活动，如植树造林、草地保护、水源保护等。通过这些活动，可以提高居民的环保意识，保护自然资源，改善生态环境，为社区创造一个更加宜居和健康的环境。

（3）社区活动组织：社区活动组织是为社区居民提供娱乐和文化交流机会的重要方式。个人可以参与社区活动的策划、组织和执行工作，如社区庆典、文化节日活动、社区运动会等。通过这些活动，可以增进社区居民之间的交流和互动，加强社区凝聚力，营造一个和谐、友好的社区氛围。

2. 学校义务劳动

学校义务劳动是指学生自愿参与学校组织的劳动活动，为学校提供服务和支持。通过参与学校义务劳动，学生可以锻炼自己的组织能力、沟通技巧和团队合作精神。同时，学校义务劳动也有助于促进学生与学校的紧密联系，加强学生对学校的归属感和身份认同，提高整所学校的凝聚力和发展水平。

（1）学校图书馆管理：学生可以担任图书馆助手，帮助管理图书馆的借还流程，以及做整理书籍、维护图书馆秩序等工作。他们可以提供咨询服务，协助学生和教师寻找所需的图书和资料，为整所学校的师生提供良好的图书馆环境和服务。

（2）校园环境维护：学生可以参与校园环境的维护和美化工作，如清理校园垃圾、修剪花草、种植绿化等。他们可以协助校园维修人员，保持校园的整洁和美观，营造一个舒适的学习和生活环境。

（3）学生会和协会组织：学生可以积极参与学生会的组织和运行，担任学生会的职位和职责，如主席、副主席、部长等。他们可以组织各类学生活动，如迎新晚会、运动会、文艺演出等，提供丰富多彩的校园生活，代表学生的利益和需求与学校进行沟通和交流。

（4）辅导和支持活动：学生可以参与辅导和支持活动，帮助其他同学解决学习和生活中的问题。他们可以担任班级学习委员、心理委员、助理班主任等角色，提供学习指导、心理支持和社交帮助，促进其他学生和自身的全面发展和健康成长。

3. 公益志愿者活动

参与非营利组织或社会公益机构的志愿者活动，指个人自愿参与非营利组织或社会公益机构的志愿者活动，为社会的特定群体提供帮助和支持。这些活动旨在改善弱势群体的生活条件，促进社会的公平和发展。通过参与公益志愿者活动，个人可以积极投身社会公益事业，为弱势群体带来帮助和关爱。同时，志愿者活动也有助于个人的成长和发展，提高自身的社会责任感和领导能力。通过志愿者活动，社会可以形成更加团结和谐的氛围，促进社区的发展和社会的进步。以下是公益志愿者活动的几个具体方面。

（1）关爱弱势群体：志愿者可以参与关爱弱势群体的活动，如在儿童福利院、养老院、残疾人福利机构举行的活动等。他们可以陪伴孤寡老人、残障儿童，或为他们提供情感支持，以及提供关怀、安慰和陪伴，帮助他们建立积极的人际关系和提高生活质量。

（2）支教活动：志愿者可以参与支教活动，为贫困地区的学生提供教育支持。他们可以前往农村或偏远地区的学校，担任教学助教、生活老师、心理老师，帮助学生提高学习成绩、开阔视野，并为学生提供职业规划和生活技能培训。

（3）慈善募捐：志愿者可以参与慈善募捐活动，为需要帮助的人群筹集资金和物资。他们可以参与筹款活动的组织和宣传工作，向社会大众解释项目的重要性，并鼓励他人捐款或捐物，支持慈善事业的发展。

（4）义诊活动：志愿者可以参与义诊活动，为有需要的人群提供医疗服务。他们可以协助医生进行健康检查、提供基本医疗咨询、发放药物等工作，为社会的弱势群体提供免费医疗支持，改善他们的健康状况。

4. 紧急救援和灾害

参与紧急救援队伍、红十字会、救灾志愿者等组织，是公益志愿者活动的重要领域之一，志愿者可以提供与紧急救援和灾害应对相关的劳动和服务，为受灾群体提供急需的援助和支持。紧急救援和灾害应对活动对于保护生命、减轻灾害损失和恢复社会秩序具有重要意义。志愿者的参与不仅能够提供及时的援助和服务，也能够传递希望和关爱，激励灾民勇敢面对困境。志愿者活动还能够提高社会对灾害和紧急情况的应对能力，加强社区的紧密合作和团结，为社会的可持续发展提供坚实的支持。因此，鼓励更多人参与与紧急救援和灾害应对相关的志愿者活动，提高社会的应急能力，是非常重要的。以下是紧急救援和灾害应对活动的几个方面。

（1）灾害救援：志愿者可以参与灾害救援行动，如地震、洪水、台风等自然灾害发生时，他们可以与救援队伍一起前往灾区，参与搜救被困人员、疏散受灾群众、提供急救和医疗服务等工作。志愿者在灾害救援中扮演着重要的角色，为受灾群体提供紧急救助，减轻灾害造成的伤害和损失。

（2）紧急救护：志愿者可以接受相关培训，成为急救志愿者，参与紧急救护工作。当突发疾病、意外事故等紧急情况发生时，他们可以快速反应并采取急救措施，如心肺复苏、止血、骨折处理等，为伤病人员争取宝贵的时间，保障其生命安全。

（3）应急物资分发：在灾害发生后，志愿者可以参与应急物资的分发工作。他们可以协助组织和分发食品、饮用水、衣物、药物等急需物资，确保受灾群体的基本生活需求得到满足。志愿者还可以帮助建立临时避难所，为灾民提供临时住所和基本生活设施。

（4）心理援助：在灾后恢复阶段，志愿者可以提供心理援助和支持。他们可以进行心理疏导、提供心理咨询、组织康复活动等，帮助受灾群体克服创伤后应激反应，重建心理健康和社会支持网络。

5. 网络义务劳动

通过网络平台参与义务劳动的途径有：为网上社区提供帮助和支持，参与在线志愿者项目，等等。网络义务劳动是一种方便灵活的公益志愿者活动形式，为网上社区和广大用户提供帮助和支持。以下是网络义务劳动的几个方面。

（1）网络社区支持：志愿者可以参与在线社区，为社区成员提供帮助和支持。他们可以回答问题、提供建议、分享知识和经验，解决网友们在各种话题上的疑问和困惑。通过在线社区的互助和分享，如校园论坛、知乎论坛等网络平台的一些求助帖，志愿者能够促进社区健康发展和社区成员之间良好互动。通过网络义务劳动，大学生志愿者能够在虚拟空间中为他人提供实质性的帮助和支持，无论是解决问题、提供咨询还是传授技能，都能够改善人们的生活和促进社会的共同进步。

（2）在线咨询和辅导：志愿者可以参与在线咨询和辅导项目，为需要帮助的人提供心理支持、法律咨询、学业指导等服务。他们可以通过文字、语音或视频等方式与咨询对象进行沟通，帮助他们解决问题、缓解困扰，并给予必要的指导和建议。

（3）数字技术支持：在数字化时代，许多人在使用技术设备和应用程序时可能会遇到问题。志愿者可以通过在线平台为用户提供数字技术支持，如解答技术疑问、教授使用技巧、解决常见问题等。这种支持可以帮助用户更好地利用数字技术，提高他们的数字素养。

（4）网络安全教育：志愿者可以参与网络安全教育项目，向用户提供网络安全知识和技能培训。他们可以帮助用户了解网络风险和威胁，提供安全上网的方法和技巧，提高用户的网络安全意识和防范能力，减少网络欺诈和信息泄露的风险。

鼓励更多人参与网络义务劳动，并为其提供相应的培训和支持，将有助于构建一个更加包容和支持的网络环境，促进信息的共享和知识的传播，推动社会的互助精神和共同发展。

（三）特色实践体验：航海科普基地讲解员选拔与工作实践体验

建设海洋强国是中国特色社会主义事业的重要组成部分。我国是海洋大国，拥有广泛的海洋战略利益。我国已经成为世界上具有影响力的航运大国，正在稳步开启建设航运强国的新征程，故强大的航运人才队伍是建设航运强国必不可少的支撑力量。广东交通职业技术学院航海科普基地作为培养"航海工匠"的重要载体，在学生实践中发挥着重要作用。航海科普基地讲解员培训班、科普讲解大赛、现场实战讲解等形式的活动，可以有效提升广大青少年弘扬航海文化和海洋文化、宣传海洋国土的观念，进一步提高青少年对航海、涉海的兴趣以及综合素质。把科学有趣的海洋知识、技能和文化辐射到青少年群体当中，为建设航运强国储备更多人才。

1. **航海科普讲解员选拔**

①第一阶段：参赛选手根据自身情况结合基地信息准备科普讲解内容，在广东交通职业技术学院航海科普基地的航海模拟器训练中心、船艺室、水上训练中心、芙蓉号这四个地点中选取其中一个讲解。②第二阶段：参赛选手根据航海类科普热点命题进行科普讲解，主题和图片提前一天告知。选手比赛当天的讲解命题由选手现场随机抽取确定。比赛通过考查学生的专业素养、沟通表达能力、教学能力、演讲和表现能力、团队合作能力、兴趣和热情，选拔出一批预备航海科普讲解员。

2. **航海科普讲解员培训与讲解员比赛**

（1）在航海科普基地成立航海科普讲解营，定期对预备航海科普讲解员开展"航海科普培训班"，以航运文化、航海知识、讲解技能等系统专业的培训，促进学生对国家航运文化的了解，达到"以训促学"的作用，提升大学生航运文化素养，为更好地做好航海科普基地科普工作，服务于海洋建设做好准备。

（2）航海科普基地积极组织"航海科普讲解大赛"。通过一系列航运文化讲解技能知识竞赛，学生可以激发对航海文化的学习热情，学生在准备和参赛的过程中可以加深航运文化的理解，达到"以赛促学"的作用，引导学生在加强专业知识学习的同时，提升文化传承的自信心和执行力。

3. 科普讲解员工作实践

理论的学习离不开实践，航海科普基地为水上运输类业学生提供真实的训练平台，预备航海科普讲解员经过一系列专业培训后，被分配到基地不同场馆进行实操训练，为前来参观的中小学生及社区群众讲解模拟船舱驾驶体验、水上救援、自救安全演示、船艺绳结学习、船体参观体验等。工作实践可以"以练促学"，提升学生专业知识的实际运用，增强学生的责任感与使命感。

"航海工匠"的培养是一个系统的工作，航海科普基地的实践体验只是众多实践训练之一。一方面，以航海科普基地讲解工作为依托，可以丰富学生的航海知识、强化学生的航运文化基础。另一方面，以航海科普讲解培训营为契机，将航运知识、航运技能、航海文化合理配置，可以引导学生在加强专业知识学习的同时提升文化传承的自信心和执行力。此外，以科普志愿服务为抓手，可以增强学生社会责任感、创新精神、实践能力，培育学生社会主义核心价值观，倡导学生积极投身于社会文化公益活动中，强化学生的专业意识和服务意识。通过举办"校园开放日""职业技术周""科普活动日"等活动，加强校企合作、协同育人，可以让学生更加明白自己如何才能通过专业学习和技能培育以符合行业的需求、企业的需求，这会为培养业务扎实、综合素质过硬的航海工匠奠定良好的基础。[①]

[①] 杨颖. 基于航海科普基地建设的职业工匠精神培育——以广东交通职业技术学院为例［J］. 现代职业教育，2019（20）：50-51.

第九章 学会运用法律：维护大学生劳动权益

导 语：

发生劳动纠纷了，要怎么办？是劳动者还是用人单位属于弱势群体？近年来，劳动者维权意识增强、利益诉求多元化，劳动关系矛盾高发、多发，劳动争议案件数居高不下。熟悉劳动法律法规，了解劳动争议新态势，对预防劳动争议、正确处理劳动争议、和谐劳动关系、促进社会稳定和经济发展，都具有重要的意义。

一、劳动法概述

（一）概念、属性、意义

1. 劳动法的概念

劳动法是19世纪产生于特殊背景下的社会产物，其地位和作用受到各国的普遍认可。法学家史尚宽将劳动法定义为"劳动法为规范劳动关系及其附随一切关系之法律制度之全体"①。法是指由国家制定或认可的，由国家强制力保障实施的，规范人的行为规范的权利义务的总称。因此，随着劳动法的迅速发展，多数人认为劳动法是指为了保护劳动者的合法权益，建立和维护适应社会主义市场经济的劳动制度，促进经济发展和社会进步，由国家制定或认可的，调整劳动关系的行为规范的总称。

在我国，劳动立法分为中华人民共和国成立后到1978年末、1979年以后的两个阶段。①第一阶段：宪法规定的相关权利，劳动权、休息权、物质帮助权等；《中华人

---

① 史尚宽. 劳动法原论 [M]. 台北：正大印书馆，1934：1.

民共和国劳动保险条例》等法律法规的颁布；在劳动安全与卫生方面，逐步开始建立安全卫生监察制度。②第二阶段：宪法全面规定劳动权、休息权、获得物质帮助权；详细制定劳动就业、劳动合同、职业培训、女职工劳护、社会保险等方面的法律法规和规章。

《中华人民共和国劳动法》在1994年7月5日第八届全国人民代表大会常务委员会第八次会议上审议通过；之后根据2009年8月27日第十一届全国人民代表大会常务委员会第十次会议《关于修改部分法律的决定》，进行了第一次修正；后又根据2018年12月29日第十三届全国人民代表大会常务委员会第七次会议《关于修改〈中华人民共和国劳动法〉等七部法律的决定》，进行了第二次修正。

2. 劳动法的属性

法分为公法与私法，劳动法恰恰介于公法与私法之间，是典型的社会法代表。社会法是旨在保障社会的特殊群体和弱势群体的权益的法律，是我国近年来在完善市场经济法律体系，落实科学发展观、构建社会主义和谐社会的历史大潮中应运而生的新兴法律门类和法律学科。劳动法作为社会法之一，在缓和社会矛盾、维护社会稳定方面能够发挥积极作用。

劳动法在保护劳动者权益的同时，还兼顾保障用人单位的利益，具有兼顾双方的特征。保护劳动者的权益是劳动法的基本原则之一，而用人单位和员工之间的权益平衡也需要符合法律法规的要求。为了实现权益平衡这一目标，劳动法规定了一系列用人单位和员工之间的权益需求和政策规范。

劳动法既具有实体法律规范，又具有程序法律规范，是一部实体法与程序法特征共存的法律。其实体规范有：劳动合同应当采取书面形式；禁止欺诈、胁迫劳动者订立或解除劳动合同，禁止采取暴力、威胁手段限制劳动者人身自由；用人单位应当保证支付劳动者工资；支付工资应当按照国家规定的最低工资标准支付等。其程序规范有：劳动争议调解机构应当依照法律程序和法定职权，公正、独立、及时地开展调解工作；当事人请求聘请律师进行仲裁的，应当在开庭前十日以书面通知对方当事人并告知仲裁机构；仲裁机构应当依照法律规定，依法公正审理案件，当庭宣布仲裁结果或者在五日内作出书面裁决，并将裁决书送达双方当事人等。

3. 劳动法的意义

党的二十大报告提出了促进高质量充分就业、完善分配制度、健全社会保障体系、完善劳动关系协商协调机制、健全劳动法律法规、加强新就业形态劳动者权益保障等内容，为构建新时代中国特色和谐劳动关系提出了新要求。因此，劳动法对促进劳动就业，发展职业教育，制定劳动标准，调节社会收入，完善社会保险，协调劳动关系，逐步提高劳动者的生活水平具有重要的意义。

（二）劳动者的权利与义务

1. 劳动者的权利

根据《中华人民共和国劳动法》第三条第一款规定，劳动者享有以下权利。

1）平等就业和选择职业的权利

任何公民都平等地享有就业的权利和资格；任何公民都需平等地参与竞争，不得享有特权，也不得对任何人予以歧视；平等不等于同等，不能不论条件如何都同等对待。平等就业，是指向符合法定条件的公民提供均等的就业机会，并以同等录用标准录用。劳动者就业，不因民族、种族、性别、宗教信仰不同而受到歧视，妇女享有同男子平等的就业权利。劳动者可以根据自己的体力和技术水平、生产经验，自主地选择用人单位，实现人尽其才、才尽其用，体现民主、自由、平等原则。

2）取得劳动报酬的权利

劳动报酬权是指劳动者依照劳动法律关系，履行劳动义务，由用人单位根据按劳分配的原则及劳动力价值支付报酬的权利。用人单位未按照劳动合同约定支付劳动报酬或者提供劳动条件的，劳动者可以随时通知用人单位解除劳动合同。一般情况下，劳动者一方只要在用人单位的安排下按照约定完成一定的工作量，劳动者就有权要求按劳动取得报酬。劳动者通过自己的劳动获得劳动报酬，再用其所获得的劳动报酬购买自己和家人所需要的消费，才能维持和发展自己的劳动力和供养自己的家人，从而实现劳动力的再生产。劳动报酬权是劳动权利的核心，它不仅是劳动者及其家属有力的生活保障，也是社会对其劳动的承认和评价。

3）休息休假的权利

保护劳动者的休息权，是不少国家法律制度的明确规定。在我国，休息休假包括休息日、法定节假日、事假、病假、带薪年休假、婚假、产假、探亲假、丧假等。尊重公民休假权，就必须下放放假安排权，突出"灵活休假"特点，灵活休假是大势所趋。强化全社会依法休假理念，基本前提是要加快休假立法，健全和完善休假法律法规制度。

4）获得劳动安全卫生保护的权利

改革开放后，我国工业化进程飞速发展，随着工业化不断深入，我国职业安全卫生问题空前严峻。结合我国具体国情，建议拟制定一部全面的、综合的，以设定权利为主的职业安全卫生法并配以统一的监管机构，有效监管，执行相关法律法规，从而最大限度地保障劳动者的生命、健康和安全，完善我国职业安全卫生法律体系。[①] 劳动安全卫生权是劳动者在劳动过程中获得适宜的劳动条件和必要的保护措施的权利。这种权利是对劳动者的人身进行保护，即狭义的劳动保护权。其内容只限于劳动过程，主要目的就是保障劳动者在生产过程中的安全和健康。

5）接受职业技能培训的权利

职业技能培训权是劳动者有要求接受职业技能的教育和训练的权利，并可根据这一权利享受相应的待遇的权利。劳动者接受职业技能培训的目的在于获得从事某种职业所必需的专业技术知识、实际操作技能、职业道德和职业纪律的教育和训练，以便选择职业和在职业上获得发展。就业前，劳动者必须通过职业技能培训获得所需要的技术业务知识和实际操作技能，才能为自己创造更多的就业机会；上岗后，劳动者也必须参加职业技能培训，以适应工作岗位对劳动者素质的要求。

6）享受社会保险和福利的权利

社会保险是国家和用人单位依照法律规定或合同的约定，在具有劳动关系的劳动者暂时或永久丧失劳动能力以及暂时失业时，为保证其基本生活需要，对其给予物质帮助的一种社会保障制度。疾病、年老等是每一个劳动者都不可避免的，所以社会保险是劳动力再生产的一种客观需要。我国的社会保险制度自建立以来，随着生产建设的发展，不断地得到补充和完善，对保护职工身体健康、解除职工的后顾之忧、调动职工的生产积极性发挥了重要的作用。

7）提请劳动争议处理的权利

劳动争议指劳动关系当事人因执行劳动法或履行集体合同和劳动合同的规定引起的争议。劳动关系当事人作为劳动关系的主体，各自存在着不同的利益，双方不可避免地会产生分歧。用人单位与劳动者发生劳动争议，劳动者可以依法申请调解、仲裁，提起诉讼。劳动争议调解委员会由用人单位、工会和职工代表组成。劳动仲裁委员会由劳动行政代表、同级工会、用人单位代表组成。解决劳动争议应贯彻合法、公正及时处理的原则。在发生争议时劳动者有提请争议处理的权利，也是劳动者其他合

---

① 徐红. 职业安全卫生法律问题研究 [D]. 绵阳：西南科技大学，2012.

法权利的保证。

2. 劳动者的义务

根据《中华人民共和国劳动法》第三条第二款规定[①]，劳动者应当遵守的义务如下。

1）完成劳动任务

这是劳动者最基本的义务。劳动者在与用人单位建立劳动关系后，完成劳动任务是强制性的义务。劳动者不能完成劳动的义务，就意味着劳动者违反劳动合同的约定，用人单位可以解除劳动合同。

2）提高职业技能

劳动者享有接受职业技能培训的权利，同时也具有提高自身职业技能的义务，这也是对劳动者完成劳动任务的保障。

3）执行劳动安全卫生规程

劳动者在从事劳动的时候享有生命安全和身体健康的权利，国家与用人单位为了保障劳动者获得安全卫生保护的权利而指定的劳动安全卫生规程，劳动者需要执行。如果是劳动者因为自身未执行劳动安全卫生规程而受到伤害，劳动者自身需要负责。

4）遵守劳动纪律和职业道德

劳动纪律是劳动者在共同劳动中所必须遵守的劳动规则和秩序，宪法规定遵守劳动纪律是公民的基本义务。职业道德是从业人员在职业活动中应当遵循的道德，劳动者在从事劳动过程中需要忠于职守，对社会负责。

（三）劳动法的适用范围及各项制度

劳动法有其自己的调整对象——劳动关系。劳动关系是劳动者运用劳动能力，实现社会劳动过程中与用人单位之间产生的社会关系。它由几个要素组成：劳动者、用人单位、劳动行为。

劳动法的适用对象包括在中华人民共和国境内的企业、个体经济组织（即用人单位）和与之形成劳动关系的劳动者，还包括国家机关、事业组织、社会团体和与之建立劳动合同关系的劳动者（即临时工、合同工、编外人员）。目前不受劳动法调整的工作有保姆、保险推销、学生兼职实习、退休返聘等。

其他各项制度包括工资制度、工作时间制度、休息休假制度、社会保险制度。

[①]《中华人民共和国劳动法》，2018年12月29日第十三届全国人民代表大会常务委员会第七次会议第二次修正。

二、劳动合同法概述

（一）概念、基本原则

劳动合同法是指为了完善劳动合同制度，明确劳动合同双方当事人的权利和义务，保护劳动者的合法权益，构建和发展和谐稳定的劳动关系而制定的法律规范的总称。劳动合同是劳动者与用人单位确立劳动关系、明确双方权利和义务的协议。建立劳动关系应当订立劳动合同。[①]

订立劳动合同，应当遵循以下几个原则。

（1）合法原则：遵守基本的劳动活动准则，当事人订立、履行劳动合同，应当遵守法律、行政法规，尊重社会公德，不得扰乱社会经济秩序，损害社会公共利益。

（2）公平原则：劳动合同的内容应当公平、合理。在符合法律规定的前提下，劳动合同双方应公正、合理地确立双方的权利和义务，用人单位不得以强势地位压制劳动者而订立显失公平的合同条款。

（3）平等自愿原则：平等指双方当事人法律地位平等，都有权选择对方并就合同内容表达各自独立的意志。自愿指劳动者与用人单位自由表达各自的意志，主张自己的权益和志愿，任何一方都不得强迫对方接受其意志。平等自愿原则是劳动合同订立的基础和基本条件。

（4）协商一致原则：在订立合同的过程中，劳动者与用人单位双方对劳动合同的内容、期限等条款进行充分协商，达到双方对劳动权利、义务意思表示一致。只有协商一致，合同才能成立。

（5）诚实信用原则：在订立劳动合同时双方都要诚实，讲信用，不得隐瞒真实情况。在订立劳动合同时，双方都不得有欺诈行为。用人单位招用劳动者时，应当如实告知劳动者相关情况；用人单位有权了解劳动者与劳动合同直接相关的基本情况，而劳动者应当如实说明。

（二）劳动合同的签订

用人单位自用工之日起即与劳动者建立劳动关系。用人单位应当建立职工名册备

---
① 《中华人民共和国劳动合同法》，2012年12月28日第十一届全国人民代表大会常务委员会第三十次会议修正。

查。用人单位招用劳动者，不得扣押劳动者的居民身份证和其他证件，不得要求劳动者提供担保或者以其他名义向劳动者收取财物。

已建立劳动关系，未同时订立书面劳动合同的用人单位与劳动者，应当自用工之日起一个月内订立书面劳动合同。用人单位与劳动者在用工前订立劳动合同的，劳动关系自用工之日起建立。

劳动合同分为固定期限劳动合同、无固定期限劳动合同和以完成一定工作任务为期限的劳动合同。劳动合同由用人单位与劳动者协商一致，并经用人单位与劳动者在劳动合同文本上签字或者盖章生效。劳动合同文本由用人单位和劳动者各执一份。

劳动合同对劳动报酬和劳动条件等标准约定不明确，引发争议的，用人单位与劳动者可以重新协商；协商不成的，适用集体合同规定；没有集体合同或者集体合同未规定劳动报酬的，实行同工同酬；没有集体合同或者集体合同未规定劳动条件等标准的，适用国家有关规定。

用人单位为劳动者提供专项培训费用，对其进行专业技术培训的，可以与该劳动者订立协议，约定服务期。劳动者违反服务期约定的，应当按照约定向用人单位支付违约金。违约金的数额不得超过用人单位提供的培训费用。用人单位要求劳动者支付的违约金不得超过服务期尚未履行部分所应分摊的培训费用。用人单位与劳动者约定服务期的，不影响按照正常的工资调整机制提高劳动者在服务期期间的劳动报酬。

（三）劳动合同的履行和变更

用人单位与劳动者应当按照劳动合同的约定，全面履行各自的义务。用人单位应当按照劳动合同的约定和国家规定，向劳动者及时足额支付劳动报酬。用人单位拖欠或者未足额支付劳动报酬的，劳动者可以依法向当地人民法院申请支付令，人民法院应当依法发出支付令。

用人单位应当严格执行劳动定额标准，不得强迫或者变相强迫劳动者加班。用人单位安排加班的，应当按照国家有关规定向劳动者支付加班费。劳动者拒绝用人单位管理人员违章指挥、强令冒险作业的，不视为违反劳动合同。劳动者对危害生命安全和身体健康的劳动条件，有权对用人单位提出批评、检举和控告。用人单位变更名称、法定代表人、主要负责人或者投资人等事项，不影响劳动合同的履行。

（四）劳动合同的解除和终止

用人单位与劳动者协商一致，可以解除劳动合同。劳动者提前三十日以书面形式通知用人单位，可以解除劳动合同。劳动者在试用期内提前三日通知用人单位，可以解除劳动合同。

用人单位有下列情形之一的，劳动者可以解除劳动合同：①未按照劳动合同约定提供劳动保护或者劳动条件的；②未及时足额支付劳动报酬的；③未依法为劳动者缴纳社会保险费的；④用人单位的规章制度违反法律、法规的规定，损害劳动者权益的；⑤因劳动合同法第二十六条第一款规定的情形致使劳动合同无效的；⑥法律、行政法规规定劳动者可以解除劳动合同的其他情形。用人单位以暴力、威胁或者非法限制人身自由的手段强迫劳动者劳动的，或者用人单位违章指挥、强令冒险作业危及劳动者人身安全的，劳动者可以立即解除劳动合同，不需事先告知用人单位。

劳动者有下列情形之一的，用人单位可以解除劳动合同：①在试用期间被证明不符合录用条件的；②严重违反用人单位规章制度的；③严重失职，营私舞弊，给用人单位造成重大损害的；④劳动者同时与其他用人单位建立劳动关系，对完成本单位的工作任务造成严重影响，或者经用人单位提出，拒不改正的；⑤因劳动合同法第二十六条第一款第一项规定的情形致使劳动合同无效的；⑥被依法追究刑事责任的。

劳动者有下列情形之一的，用人单位不得依照劳动合同法第四十条、第四十一条的规定解除劳动合同：①从事接触职业病危害作业的劳动者未进行离岗前职业健康检查，或者疑似职业病病人在诊断或者医学观察期间的；②在本单位患职业病或者因工负伤并被确认丧失或者部分丧失劳动能力的；③患病或者非因工负伤，在规定的医疗期内的；④女职工在孕期、产期、哺乳期的；⑤在本单位连续工作满十五年，且距法定退休年龄不足五年的；⑥法律、行政法规规定的其他情形。

（五）特别规定

1. 集体合同

企业职工一方与用人单位通过平等协商，可以就劳动报酬、工作时间、休息休假、劳动安全卫生、保险福利等事项订立集体合同。集体合同草案应当提交职工代表大会或者由全体职工讨论通过。集体合同由工会代表企业职工一方与用人单位订立；尚未建立工会的用人单位，由上级工会指导劳动者推举的代表与用人单位订立。

2. 劳务派遣

劳务派遣单位是劳动合同法所称的用人单位,应当履行用人单位对劳动者的义务。劳务派遣单位与被派遣劳动者订立的劳动合同,除应当载明本法第十七条规定的事项外,还应当载明被派遣劳动者的用工单位以及派遣期限、工作岗位等情况。劳务派遣单位应当与被派遣劳动者订立两年以上的固定期限劳动合同,按月支付劳动报酬;被派遣劳动者在无工作期间,劳务派遣单位应当按照所在地人民政府规定的最低工资标准,向其按月支付报酬。

3. 非全日制用工

非全日制用工,是指以小时计酬为主,劳动者在同一用人单位一般平均每日工作时间不超过四小时,每周工作时间累计不超过二十四小时的用工形式。非全日制用工双方当事人可以订立口头协议。从事非全日制用工的劳动者可以与一个或者一个以上用人单位订立劳动合同;但是,后订立的劳动合同不得影响先订立的劳动合同的履行。

非全日制用工双方当事人不得约定试用期。非全日制用工双方当事人任何一方都可以随时通知对方终止用工。终止用工,用人单位不向劳动者支付经济补偿。非全日制用工小时计酬标准不得低于用人单位所在地人民政府规定的最低小时工资标准。非全日制用工劳动报酬结算支付周期最长不得超过十五日。

三、其他劳动与社会保障制度

(一)概述

社会保障法是为了规范社会保险关系,维护公民参加社会保险和享受社会保险待遇的合法权益,使公民共享发展成果,促进社会和谐稳定而制订的。国家建立基本养老保险、基本医疗保险、工伤保险、失业保险、生育保险等社会保险制度,保障公民在年老、疾病、工伤、失业、生育等情况下依法从国家和社会获得物质帮助的权利。社会保险制度坚持广覆盖、保基本、多层次、可持续的方针,社会保险水平应当与经济社会发展水平相适应。

（二）养老保险法

职工应当参加基本养老保险，由用人单位和职工共同缴纳基本养老保险费。无雇工的个体工商户、未在用人单位参加基本养老保险的非全日制从业人员以及其他灵活就业人员可以参加基本养老保险，由个人缴纳基本养老保险费。公务员和参照公务员法管理的工作人员养老保险的办法由国务院规定。

基本养老保险实行社会统筹与个人账户相结合。基本养老保险基金由用人单位和个人缴费以及政府补贴等组成。用人单位应当按照国家规定的本单位职工工资总额的比例为职工缴纳基本养老保险费，记入基本养老保险统筹基金。职工应当按照国家规定的本人工资的比例缴纳基本养老保险费，记入个人账户。无雇工的个体工商户、未在用人单位参加基本养老保险的非全日制从业人员以及其他灵活就业人员参加基本养老保险的，应当按照国家规定缴纳基本养老保险费，分别记入基本养老保险统筹基金和个人账户。

（三）失业保障法

职工应当参加失业保险，由用人单位和职工按照国家规定共同缴纳失业保险费。失业人员符合下列条件的，从失业保险基金中领取失业保险金：①失业前用人单位和本人已经缴纳失业保险费满一年的；②非因本人意愿中断就业的；③已经进行失业登记，并有求职要求的。

失业人员失业前用人单位和本人累计缴费满一年不足五年的，领取失业保险金的期限最长为十二个月；累计缴费满五年不足十年的，领取失业保险金的期限最长为十八个月；累计缴费十年以上的，领取失业保险金的期限最长为二十四个月。重新就业后再次失业的，缴费时间重新计算，领取失业保险金的期限与前次失业应当领取而尚未领取的失业保险金的期限合并计算，最长不超过二十四个月。失业保险金的标准，由省、自治区、直辖市人民政府确定，不得低于城市居民最低生活保障标准。

（四）医疗保险法

职工应当参加职工基本医疗保险，由用人单位和职工按照国家规定共同缴纳基本医疗保险费。无雇工的个体工商户、未在用人单位参加职工基本医疗保险的非全日制从业人员以及其他灵活就业人员可以参加职工基本医疗保险，由个人按照国家规定缴纳基本医疗保险费。国家建立和完善新型农村合作医疗制度，新型农村合作医疗的管理办法，由国务院规定。国家建立和完善城镇居民基本医疗保险制度，城镇居民基本医疗保险实行个人缴费和政府补贴相结合。享受最低生活保障的人士、丧失劳动能力的残疾人、低收入家庭六十周岁以上的老年人和未成年人等的个人缴费部分，由政府给予补贴。

职工基本医疗保险、新型农村合作医疗和城镇居民基本医疗保险的待遇标准按照国家规定执行。参加职工基本医疗保险的个人，达到法定退休年龄时累计缴费达到国家规定年限的，退休后不再缴纳基本医疗保险费，按照国家规定享受基本医疗保险待遇；未达到国家规定年限的，可以缴费至国家规定年限。

（五）工伤保险法

职工应当参加工伤保险，由用人单位缴纳工伤保险费，职工不缴纳工伤保险费。国家根据不同行业的工伤风险程度确定行业的差别费率，并根据使用工伤保险基金、工伤发生率等情况在每个行业内确定费率档次。行业差别费率和行业内费率档次由国务院社会保险行政部门制定，报国务院批准后公布施行。

社会保险经办机构根据用人单位使用工伤保险基金、工伤发生率和所属行业费率档次等情况，确定用人单位缴费费率。用人单位应当按照本单位职工工资总额，根据社会保险经办机构确定的费率缴纳工伤保险费。职工因工作原因受到事故伤害或者患职业病，且经工伤认定的，享受工伤保险待遇；其中，经劳动能力鉴定丧失劳动能力的，享受伤残待遇。工伤认定和劳动能力鉴定应当简洁、方便。

（六）生育保险法

职工应当参加生育保险，由用人单位按照国家规定缴纳生育保险费，职工不缴纳生育保险费。用人单位已经缴纳生育保险费的，其职工享受生育保险待遇；职工未就业配偶按照国家规定享受生育医疗费用待遇。所需资金从生育保险基金中支付。生育保险待遇包括生育医疗费用和生育津贴。

（七）住房公积金

为了加强对住房公积金的管理，维护住房公积金所有者的合法权益，促进城镇住房建设，提高城镇居民的居住水平，建立住房公积金制度。住房公积金是指国家机关、国有企业、城镇集体企业、外商投资企业、城镇私营企业及其他城镇企业、事业单位、民办非企业单位、社会团体（以下统称单位）及其在职职工缴存的长期住房储金。

职工个人缴存的住房公积金和职工所在单位为职工缴存的住房公积金，属于职工个人所有。住房公积金的管理实行住房公积金管理委员会决策、住房公积金管理中心运作、银行专户存储、财政监督的原则。住房公积金应当用于职工购买、建造、翻建、大修自住住房等，任何单位和个人不得挪作他用。

四、劳动争议处理与权益保障

（一）概述

劳动争议即劳动纠纷、劳资争议、劳资纠纷，是指劳动关系的当事人之间因执行劳动法律、法规和履行劳动合同而发生的纠纷，即劳动者与所在单位之间因劳动关系中的权利义务而发生的纠纷。根据争议涉及的权利义务的具体内容，可将其分为以下几类：①因确认劳动关系发生的争议；②因订立、履行、变更、解除和终止劳动合同发生的争议；③因除名、辞退和辞职、离职发生的争议；④因工作时间、休息休假、社会保险、福利、培训以及劳动保护发生的争议；⑤因劳动报酬、工伤医疗费、经济补偿或者赔偿金等发生的争议；⑥法律、法规规定的其他劳动争议。

解决劳动争议，应当根据事实，遵循合法、公正、及时、着重调解的原则，依法保护当事人的合法权益。发生劳动争议，劳动者可以与用人单位协商，也可以请工会或者第三方共同与用人单位协商，达成和解协议。

发生劳动争议，当事人不愿协商、协商不成或者达成和解协议后不履行的，可以向调解组织申请调解；不愿调解、调解不成或者达成调解协议后不履行的，可以向劳动争议仲裁委员会申请仲裁；对仲裁裁决不服的，除劳动争议调解仲裁法法另有规定的外，可以向人民法院提起诉讼。

（二）劳动争议调解

发生劳动争议，当事人可以到下列调解组织申请调解：①企业劳动争议调解委员会；②依法设立的基层人民调解组织；③在乡镇、街道设立的具有劳动争议调解职能的组织。企业劳动争议调解委员会由职工代表和企业代表组成。职工代表由工会成员担任或者由全体职工推举产生，企业代表由企业负责人指定。企业劳动争议调解委员会主任由工会成员或者双方推举的人员担任。

当事人申请劳动争议调解可以书面申请，也可以口头申请。口头申请的，调解组织应当当场记录申请人基本情况以及申请调解的争议事项、理由和时间。经调解达成协议的，应当制作调解协议书。调解协议书由双方当事人签名或者盖章，经调解员签名并加盖调解组织印章后生效，对双方当事人具有约束力，当事人应当履行。

自劳动争议调解组织收到调解申请之日起十五日内未达成调解协议的，当事人可以依法申请仲裁。达成调解协议后，一方当事人在协议约定期限内不履行调解协议的，另一方当事人可以依法申请仲裁。因支付拖欠劳动报酬、工伤医疗费、经济补偿或者赔偿金事项达成调解协议，用人单位在协议约定期限内不履行的，劳动者可以持调解协议书依法向人民法院申请支付令。人民法院应当依法发出支付令。

（三）劳动争议仲裁

劳动争议仲裁委员会负责管辖本区域内发生的劳动争议。劳动争议由劳动合同履行地或者用人单位所在地的劳动争议仲裁委员会管辖。双方当事人分别向劳动合同履行地和用人单位所在地的劳动争议仲裁委员会申请仲裁的，由劳动合同履行地的劳动争议仲裁委员会管辖。[①]

发生劳动争议的劳动者和用人单位为劳动争议仲裁案件的双方当事人。劳务派遣单位或者用工单位与劳动者发生劳动争议的，劳务派遣单位和用工单位为共同当事人。与劳动争议案件的处理结果有利害关系的第三人，可以申请参加仲裁活动或者由劳动争议仲裁委员会通知其参加仲裁活动。当事人可以委托代理人参加仲裁活动。委托他人参加仲裁活动，应当向劳动争议仲裁委员会提交有委托人签名或者盖章的委托书，委托书应当载明委托事项和权限。丧失或者部分丧失民事行为能力的劳动者，由其法定代理人代为参加仲裁活动；无法定代理人的，由劳动争议仲裁委员会为其指定代理人。劳动者死亡的，由其近亲属或者代理人参加仲裁活动。劳动争议仲裁公开进行，但当事人协议不公开进行或者涉及国家秘密、商业秘密和个人隐私的除外。

申请人申请仲裁应当提交书面仲裁申请，并按照被申请人人数提交副本。仲裁申请书应当载明下列事项：①劳动者的姓名、性别、年龄、职业、工作单位和住所，用

---

① 《中华人民共和国劳动争议调解仲裁法》，2007年12月29日第十届全国人民代表大会常务委员会第三十一次会议通过。

人单位的名称、住所和法定代表人或者主要负责人的姓名、职务；②仲裁请求和所根据的事实、理由；③证据和证据来源、证人姓名和住所。书写仲裁申请确有困难的，可以口头申请，由劳动争议仲裁委员会记入笔录，并告知对方当事人。

劳动争议仲裁委员会在收到仲裁申请之日起五日内，认为符合受理条件的，应当受理，并通知申请人；认为不符合受理条件的，应当书面通知申请人不予受理，并说明理由。对劳动争议仲裁委员会不予受理或者逾期未作出决定的，申请人可以就该劳动争议事项向人民法院提起诉讼。劳动争议仲裁委员会受理仲裁申请后，应当在五日内将仲裁申请书副本送达被申请人。被申请人收到仲裁申请书副本后，应当在十日内向劳动争议仲裁委员会提交答辩书。劳动争议仲裁委员会收到答辩书后，应当在五日内将答辩书副本送达申请人。被申请人未提交答辩书的，不影响仲裁程序的进行。

下列劳动争议，除劳动争议仲裁调解法另有规定的外，仲裁裁决为终局裁决，裁决书自作出之日起发生法律效力：①追索劳动报酬、工伤医疗费、经济补偿或者赔偿金，不超过当地月最低工资标准十二个月金额的争议；②因执行国家的劳动标准在工作时间、休息休假、社会保险等方面发生的争议。劳动者对劳动争议调解仲裁法第四十七条规定的仲裁裁决不服的，可以自收到仲裁裁决书之日起十五日内向人民法院提起诉讼。

（四）劳动争议诉讼

劳动者与用人单位之间发生的下列纠纷，属于劳动争议，当事人不服劳动争议仲裁机构作出的裁决，依法提起诉讼的，人民法院应予受理：①劳动者与用人单位在履行劳动合同过程中发生的纠纷；②劳动者与用人单位之间没有订立书面劳动合同，但已形成劳动关系后发生的纠纷；③劳动者与用人单位因劳动关系是否已经解除或者终止，以及应否支付解除或者终止劳动关系经济补偿金发生的纠纷；④劳动者与用人单位解除或者终止劳动关系后，请求用人单位返还其收取的劳动合同定金、保证金、抵押金、抵押物发生的纠纷，或者办理劳动者的人事档案、社会保险关系等移转手续发生的纠纷；⑤劳动者以用人单位未为其办理社会保险手续，且社会保险经办机构不能补办导致其无法享受社会保险待遇为由，要求用人单位赔偿损失发生的纠纷；⑥劳动者退休后，与尚未参加社会保险统筹的原用人单位因追索养老金、医疗费、工伤保险待遇和其他社会保险待遇而发生的纠纷；⑦劳动者因为工伤、职业病，请求用人单位依法给予工伤保险待遇发生的纠纷；⑧劳动者依据劳动合同法第八十五条规定，要求用人单位支付加付赔偿金发生的纠纷;⑨因企业自主进行改制发生的纠纷。

劳动者与用人单位均不服劳动争议仲裁机构的同一裁决,向同一人民法院起诉的,人民法院应当并案审理,双方当事人互为原告和被告,对双方的诉讼请求,人民法院应当一并作出裁决。在诉讼过程中,一方当事人撤诉的,人民法院应当根据另一方当事人的诉讼请求继续审理。双方当事人就同一仲裁裁决分别向有管辖权的人民法院起诉的,后受理的人民法院应当将案件移送给先受理的人民法院。

五、实践体验

本单元设计的实践体验活动有以下两个。

(一)注册成立公司的流程

1. 实践意义

注册成立公司可规范公司的组织和行为,保护公司、股东、职工和债权人的合法权益,完善中国特色现代企业制度,弘扬企业家精神,维护社会经济秩序,促进社会主义市场经济的发展。

同时,公司应当保护职工的合法权益,依法与职工签订劳动合同,缴纳社会保险,加强劳动保护,实现安全生产。公司应当采用多种形式,加强公司职工的职业教育和岗位培训,提高职工素质。

2. 实践目的

公司职工依照《中华人民共和国工会法》组织工会,开展工会活动,维护职工合法权益。公司应当为本公司工会提供必要的活动条件。公司工会代表职工就职工的劳动报酬、工作时间、休息休假、劳动安全卫生和保险福利等事项依法与公司签订集体合同。

公司依照宪法和有关法律的规定,建立健全以职工代表大会为基本形式的民主管理制度,通过职工代表大会或者其他形式,实行民主管理。

公司研究决定有关改制、解散、申请破产以及经营方面的重大问题、制定重要的规章制度时,应当听取公司工会的意见,并通过职工代表大会或者其他形式听取职工的意见和建议。

3. 实践流程

设立公司，应当依法向公司登记机关申请设立登记。

申请设立公司，应当提交设立登记申请书、公司章程等文件，提交的相关材料应当真实、合法和有效。

申请设立公司，符合《中华人民共和国公司法》规定的设立条件的，由公司登记机关分别登记为有限责任公司或者股份有限公司；不符合《中华人民共和国公司法》规定的设立条件的，不得登记为有限责任公司或者股份有限公司。

依法设立的公司，由公司登记机关发给公司营业执照。公司营业执照签发日期为公司成立日期。公司营业执照应当载明公司的名称、住所、注册资本、经营范围、法定代表人姓名等事项。

实践模拟：根据注册成立公司的流程，搜索成立有限责任公司的相关文本资料，思考成立过程需注意的细节。

（二）签订劳动合同的流程

人力资源社会保障部2019年11月25日发布《关于发布劳动合同示范文本的说明》，为更好地为用人单位和劳动者签订劳动合同提供指导服务，人力资源社会保障部在"不忘初心、牢记使命"主题教育中，将编制发布劳动合同示范文本作为"为群众办实事"的一项具体措施。现将根据《中华人民共和国劳动合同法》等法律法规和政策规定编制的《劳动合同（通用）》和《劳动合同（劳务派遣）》示范文本予以公布（图9-1），供用人单位和劳动者签订劳动合同时参考。

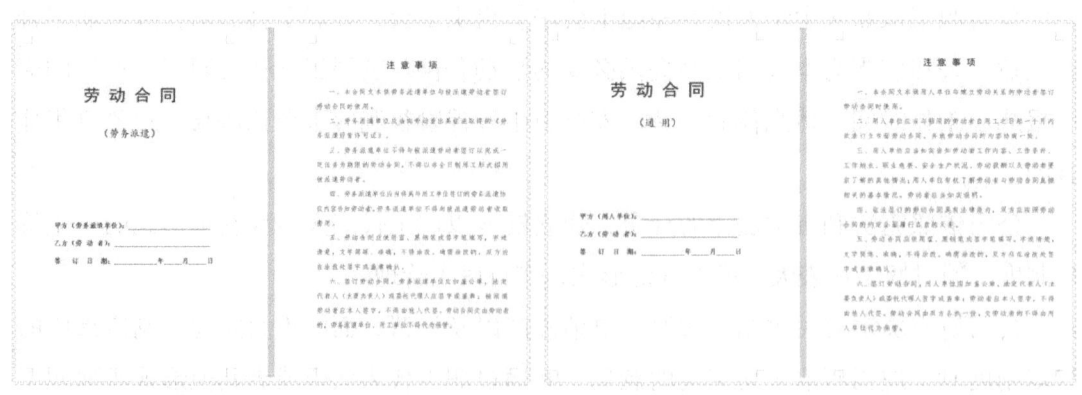

图9-1 《劳动合同（通用）》和《劳动合同（劳务派遣）》示范文本示意图

广东省人社厅印发《关于做好广东省电子劳动合同平台上线运行工作的通知》，对在全省全面推广应用该平台作出部署、提出要求。该平台运用互联网、区块链、大数据、云计算、人工智能等信息技术，集劳动合同签订、审验、存贮、管理、监测、统计分析等线上信息服务功能于一体，实现"线上签约、链上管理、大数据应用"的数字化工作模式，形成全数据上链和不可抵赖的"确权+维权"机制，打造人社部门、用人主体、劳动者"三位一体"应用端口，构建省、市、县（市、区）、镇街、村居"五级联动"数据管理应用体系。该平台的上线应用，有利于解决传统纸质劳动合同签订成本高、管理效率低、统计困难、不好保管、容易丢失等问题，对降低企业管理成本、提高企业用工效率、维护劳动者和企业合法权益、构建和谐稳定的劳动关系、营造良好营商环境等具有积极作用。

实践模拟：根据劳动合同签订的流程，由学生扮演用人单位（用工单位）代表、劳动者的角色，双方模拟协商签订劳动合同的过程。

第十章 做新时代的劳动者

导　语：

　　劳动者是历史的创造者，是党和国家在新时代建设与创造的依靠力量和强大优势。历史和实践共同见证了劳动者在社会主义革命和建设时期取得的伟大成就。党的十八大以来，习近平总书记多次强调劳动的重要性，深刻指出"劳动是一切幸福的源泉"，"劳动是一切成功的必经之路"，"劳动者素质对一个国家、一个民族发展至关重要"。如何解读时代命题，成为新时期一名合格的劳动者，是全体人民对实现第二个百年奋斗目标这一新的历史阶段任务的积极回应和主动解答。

一、做有理想的劳动者

（一）什么是有理想的劳动者

　　"志向未立，则万事难成。"在2014年5月4日的北京大学师生座谈会上，习近平总书记深刻指出："每一代青年都有自己的际遇和机缘，都要在自己所处的时代条件下谋划人生、创造历史。"青年作为时代的先锋，唯有将个人的奋斗方向与国家的发展潮流紧密相连，方能勇立潮头、乘风破浪。当代中国，处于追求"两个一百年"奋斗目标和中华民族伟大复兴的关键时刻。站在这一崭新的历史交汇点上，青年一代应将实现中国梦作为终生不渝的志向，将个人的梦想与国家的命运、人民的福祉紧密相连，将自我融入国家与人民的伟大事业中，扮演起新时代的"梦想追求者"与"梦想实现者"的双重角色。

培养深厚的爱国情怀显得尤为重要，它构成了有理想、有抱负的青年劳动者的精神支柱。爱国主义不仅是青年成长的基础、成才的基石，更是他们与国家繁荣发展、民族复兴目标紧密相连的强大精神动力。从五四运动到改革开放，再到抗击新冠疫情的斗争，青年一代始终挺立潮头，用青春和热血谱写着爱国主义的壮丽篇章。新时代青年要听党话、跟党走，将爱国之情转化为报国之行，以一生的真情投入、一辈子的顽强奋斗，为实现中华民族伟大复兴的中国梦贡献青春力量。

要筑牢信仰信念信心，这是有理想的劳动者的精神支柱。习近平总书记指出："对马克思主义的信仰，对中国特色社会主义的信念，对实现中华民族伟大复兴中国梦的信心，都是指引和支撑中国人民站起来、富起来、强起来的强大精神力量。"作为心怀理想的劳动者，青年应当积极弘扬五四精神，坚定对马克思主义的信仰，矢志不渝地坚守中国特色社会主义道路，将自己的个人奋斗与国家的前途命运紧密相连。应当成为马克思主义的忠实信仰者，中国特色社会主义道路的坚定捍卫者，以及中华民族伟大复兴的积极推动者。以"为中国人民谋幸福，为中华民族谋复兴"为毕生追求和崇高使命，青年劳动者将在实现中国梦的伟大征程中，书写属于自己的青春篇章。

（二）为什么要做有理想的劳动者

1. 有理想才能为实现中华民族伟大复兴贡献力量

中华民族是一个拥有五千多年辉煌文明历史的伟大民族，其传承与发展离不开一代又一代青年的积极参与和不懈奋斗。青年作为社会发展的中坚力量，是实现中华民族伟大复兴的先锋军。习近平总书记在纪念五四运动100周年大会上强调："新时代中国青年要继续发扬五四精神，以实现中华民族伟大复兴为己任。"在中华民族伟大复兴的征途上，明确的方向如同明灯指引前行。自改革开放以来，我们党领导人民历经艰辛探索出中国特色社会主义道路，这条道路的核心力量，正是全国人民在党的引领下共同坚守的中国特色社会主义共同理想。新时代青年作为时代的先锋和未来的希望，肩负着无比崇高的使命。在享受中国特色社会主义伟大成就带来的荣光与福祉的同时，更应深刻理解并珍视理想的价值。有理想，就是要在内心深处自觉树立中国特色社会主义共同理想，坚定不移地相信中国特色社会主义道路、理论、制度、文化的优越性。这种自信，源自对中华民族悠久历史的深刻认识，对当今中国特色社会主义伟大实践的清醒判断，以及对未来光明前景的坚定信念。在民族复兴的新征程上，新时代青年必须毫不动摇地听从党的指引，紧跟党的步伐，将个人的理想追求与国家的宏伟蓝图紧密相连。只有当新时代青年真正树立起中国特色社会主义共同理想并为之不懈奋斗时，才能为实现中华民族伟大复兴贡献出自己全部的智慧和力量，共同书写新时代的辉煌篇章。这样的青年，才是有理想、有抱负、有担当的新时代劳动者，他们的奋斗与付出，将共同铸就中华民族更加辉煌的未来。

2. 有理想才能为人类最终实现共产主义奋斗终身

在庆祝中国共产党成立95周年大会上，习近平总书记深刻指出："中国共产党之所以叫共产党，就是因为从成立之日起我们党就把共产主义确立为远大理想。我们党之所以能够经受一次次挫折而又一次次奋起，归根到底是因为我们党有远大理想和崇高追求。"作为新时代的劳动者，尤其是青年一代，我们有责任、有义务继承这一光荣传统，将个人理想融入共产主义的伟大事业中。新时代好青年，作为党的事业的重要力量，必须紧密团结在党的周围，坚定理想信念，始终不渝地追求共产主义。我们要以党的旗帜为引领，以党的方向为指引，以党的意志为动力，不断磨砺自己，成为有理想、有道德、有文化、有纪律的新时代劳动者。有共产主义远大理想的新时代青年，是共产主义事业的后继者、传承者。我们的奋斗，不仅是为了个人的成长和进步，更是为了人类的共同福祉和共产主义的伟大事业。有了共产主义远大理想，我们就能够始终站在时代的前沿，把握历史发展的大势，顺应时代潮流，为实现共产主义事业贡献自己的力量。做有理想的劳动者，是新时代青年的必然选择。我们要以共产主义远大理想为指引，不断磨砺自己的意志品质，提高自己的综合素质，为实现共产主义事业奋斗终身。

3. 有理想才能为实现自身全面发展奋发努力

青年作为社会的中坚力量，其理想追求不仅关乎个人成长，更关乎社会的进步与发展。理想可以分为个人理想和社会理想，而新时代青年在追求社会理想的同时，更需树立积极向上的个人理想。个人理想是每个人内心深处的向往和追求，它激励着我们不断前行。新时代青年在追求个人理想时，应追求德才兼备，立志成长成才，实现自身的全面发展。只有具备了高尚的人格和丰富的学识，才能更好地为党、为祖国、为人民做贡献。个人的成长和国家的命运紧密相连，青年时期是学习的黄金时期，每个青年都应当珍惜这一宝贵时光，自觉成为有理想的新时代好青年。通过学习党史，可以涵养崇高品德，坚定理想信念；学习科学文化知识，可以增强自身本领，为未来的奋斗打下坚实的基础。新时代好青年必须有积极向上的个人理想，将立志成长成才和全面发展作为人生方向，不断奋发努力。我们要以理想为引领，以学习为动力，不断提升自身素质和能力，为实现自身的全面发展而努力奋斗。同时，我们也要将个人理想融入国家的发展大局中，为实现中华民族伟大复兴的中国梦贡献青春力量。

（三）怎样做有理想的劳动者

坚定的理想信念是青年劳动者担当使命的基础。青年劳动者想要在人生中具有明确方向，就必然树立并坚守理想信念。习近平总书记在纪念五四运动100周年大会上的重要讲话中深刻阐述了青年的理想信念对于国家未来的重要性。他指出，青年的理想信念关乎国家的命运和未来。只有中国青年坚定信念、矢志不渝，我们的国家和民族才能汇聚起无坚不摧的磅礴力量，乘风破浪、勇往直前。如果青年劳动者缺乏理想信念，就很容易陷入迷茫而迷失方向，更不用说肩负起民族复兴的伟大使命。因此，习近平总书记在多次讲话中强调并鼓励青年一代要筑牢理想信念之基，矢志不渝地成为能够担当民族复兴大任的有志青年，为国家的繁荣富强贡献青春的热情与力量。

1. 胸怀与中国梦相契合的崇高理想

坚定与中国梦紧密相连的崇高理想，是新时代中国青年的重要使命。习近平总书记鼓励新时代的青年深入人民群众，与人民并肩同行，坚决拥护中国共产党的领导，为实现中华民族伟大复兴的中国梦贡献青春力量。中国梦，既是每位时代青年的崇高理想，也是全国各族人民共同的美好愿景。中国梦承载着人民对国家繁荣富强的美好期盼，为青年奉献社会指明了方向。新时代的中国青年应当铭记这一时代使命，将个人的理想信念与国家的宏伟蓝图紧密相连。广大青年应牢固树立实现中华民族伟大复兴的崇高理想，将个人梦想融入中国梦这一共同理想之中，让个人的奋斗与国家的进步同频共振。在追求个人理想的道路上，青年应深刻认识到个人理想与国家理想的相互依存关系。青年要将个人理想融入宏大的国家理想之中，要将实现个人价值与对党和人民的奉献紧密结合，这样才能在坚实的社会基础和坚定的信念上追求自己的梦想。作为实现中国梦的重要力量，中国青年劳动者必须深刻理解自己肩负的责任和使命。我们要珍惜时代赋予的机遇，坚定理想信念，勇往直前，以青春的朝气和蓬勃动力，为实现民族复兴大任、全面建设社会主义现代化国家的目标贡献力量。新时代青年劳动者要携手并进，以中国梦为引领，共同谱写新时代的壮丽篇章。

2. 秉持走中国特色社会主义道路的信念

作为新时代的青年劳动者，我们肩负着建设国家的重任，必须坚定走中国特色社会主义道路的理想信念。这条道路是党和国家的兴衰的重要内容，更是我们实现个人理想、贡献社会的关键途径。回顾历史，我们可以看到，自近代以来，中国社会各阶层在追求民族独立和人民解放的道路上，尝试了各种主义和思潮。从洋务运动的失败，到资产阶级改良派的维新运动被扼杀，再到资产阶级革命派推翻清王朝但未能彻底改变社会性质，这些历史经验都告诉我们，只有找到适合中国国情的道路，才能实现真正的变革。十月革命给中国送来了马克思主义，中国共产党人在此基础上，结合中国具体实际，开辟了一条独特的革命道路，就是农村包围城市、武装夺取政权。这条道路帮助我们取得了新民主主义革命的胜利，同时也为我们指明了前进的方向。历史证明，国家道路的选择，并不是偶然的，而是要看道路能否解决时代难题。在历经一个世纪的探索和历练后，中国共产党不断汲取历史经验，坚守马克思主义与中国国情的深度融合，最终开辟出中国特色社会主义这一引领中华民族走向伟大复兴的必由之路。这条道路不仅是国家繁荣富强的光明坦途，也是人类社会发展的正义之路，更是广大青年应深深扎根于心的人生信条。作为新时代的青年劳动者，我们必须坚定对中国特色社会主义道路的信仰，将个人的梦想与国家的宏图伟业紧密联结，共同为实现中华民族的中国梦贡献出我们的青春与热血。

3. 锤炼品德传承中华民族良好修养

人无德不立，德行是一个人的立身之本。在追求理想的道路上，品德修养是每一位劳动者安身立命的基石。新时代的青年劳动者，应深刻认识到崇德修身的重要性，不断锤炼中华民族的品德修养。品德，是一个人的灵魂，也是一个人的力量之源。新时代的青年，应当端正态度，积极培养高尚的品格，让青春在道德的光芒中绽放。作为新时代的先行者，中国青年应当从中华民族的传统美德中汲取养分，形成正确的道德观念，以坚定的意志书写时代的青春篇章。习近平总书记十分强调青年品德的重要性，"人无德不立，品德是为人之本"。2014年，习近平总书记在北大师生座谈会上就指出，"道德之于个人、之于社会，都具有基础性意义，做人做事第一位的是崇德修身"。品德修养对于个人、国家和社会都具有极其重要的意义。一个道德健全的人能够为社会做出更大的贡献，而一个道德不健全的人则难以用知识弥补其品德上的不足。因此，青年要修炼品德，涵养情操，以德为先，展现出青年劳动者优良的精神品质。面对复杂多变的世界局势，青年劳动者要保持清醒的头脑，明辨是非。面对外界的诱惑，要时刻保持本心，坚守心中理想，要饮水思源，心怀感恩，为党和人民贡献自己的力量。同时，要自觉践行社会主义核心价值观，弘扬爱党、爱国和爱社会主义的精神，为中华民族的伟大复兴贡献力量。

【典型案例】

何尚锴：路背后的故事

何尚锴，2003级高等级公路管理专业学生，现为广东省高速公路有限公司湛江分公司路政中队副中队长。

每个人总会有一段故事，每个故事的背后是岁月的点点滴滴，有收获、快乐，也有辛酸、无奈，就像一瓶包含百味的饮料，有甜、有苦、有酸……个中滋味只有自己才能体味。而他的故事，也许很简单，但却不平凡。他是一个普通的路政员，每天做着平凡的事，但他用近十年的坚持铸就了一个不平凡的人生故事。他是"广东省五一劳动奖章"获得者、广东省技术能手、广东省职工经济技术创新能手。敬业如他，踏实如他，奉献如他。

立足平凡岗位，奉献无悔青春

2005年11月，何尚锴进入广东省高速公路有限公司湛江分公司工作，先后在官渡、茂名、高桥、城月路政中队工作，涉及路段包括茂湛、渝湛和湛徐高速公路，地跨粤西地区四市七县近20个乡镇，里程将近240千米，历任路政员、路政班长、管理员、副中队长等职务。无论身在何处，他始终坚守信念：作为共产党员，自己就是革命的一块砖，哪里需要就往哪里搬！

从事路政工作九年多来，何尚锴一直坚持在路政执法第一线，参与路政巡查2300余班次，累计里程超过32万千米，检查各类桥涵、路产近2000次，参与治超、抢险救灾600多宗，经办突发事件、路政案件处理近800宗，书写法律文书6000余份，案件调查回访好评率达99%以上……"人生苦旅几十年，不留遗憾在人间"——何尚锴以苦干实干拼命干的拼搏精神展示了中国路政人的忠诚，用自己的行动践行着"铺路石品格，航标灯精神"的交院精神。

刻苦钻研精业务，勤学苦练强技能

2009年，为了实现路政管理专业化，广东省高速公路有限公司湛江分公司组建团队构建营运管理标准化体系，何尚锴作为队员之一，愣是"吃"透了路政管理中的35项工作内容、操作规程和20项业务处理流程标准，锲而不舍带领队员——进行实践验证，详细记录每个流程细节并拍摄对比，筛选最佳效果和最优化方案纳入标准体系，成功推出路政标准化管理工作流程图册和执行手册，并精心制作培训教材和课件用于日常培训，为实现公司路政管理专业化、标准化迈出了关键的步伐。

2011年5月，广东省高速公路有限公司在全省范围内选拔一批骨干培训讲师，在全省推广应用路政HAMS系统。何尚锴凭着扎实的业务知识和娴熟的实操技能，经过层层考核，最终脱颖而出，顺利进入讲师团队，并凭借多年来累积的经验逐渐成为团队主讲教师，高标准、高质量地为20多家兄弟单位提供现场授课和示范操作，开启了广东省高速公路管辖路段路政工作标准化、信息化的管理模式，为路政管理工作谱写了新的篇章。

面对生死，从不害怕、退缩

从一名普通的路政员到一名优秀的中队长，他的成长之路并非一帆风顺，在工作中经常面对各种艰难险阻。"干路政工作，不仅要耐得住寂寞，还要解决一些棘手的冲突和难题，需要一种顽强的毅力和勇气。"何尚锴说。在路政执法过程中，部分驾驶员、群众无理取闹、故意刁难、出言谩骂，但他从不害怕退缩，而是耐心劝说，敢于坚持、敢于"硬碰硬"；在高速公路交通事故的最前线，面对生死，他勇于承担责任，冲锋在前，救死扶伤，将安全让给他人，把危险留给自己，用生命保卫道路通畅，保障群众安全，他就是"高速公路卫士"。用他自己的话说，"每一次都是和时间、生命在赛跑"。谈到梦想，何尚锴说："我的梦想，就是当一名优秀的高速路政人，通过我的努力，让路人平平安安。"他的梦想，如此平凡而又如此伟大。

硕果累累，成绩骄人，却从不自傲

努力耕耘的背后，收获的是累累硕果。2011年，何尚锴参加省管高速公路路政人员技能竞赛，荣获第一名和多个省级称号，他还曾连续6次被公司评为"先进工作者"，多次获得先进个人、优秀团员、春运先进工作者以及"广东省技术能手""广东省职工经济技术创新能手"等荣誉称号。2012年，何尚锴被授予"广东省五一劳动奖章"。面对多项荣誉和突出成绩，何尚锴表现得很平常："每一次取得的荣誉和成绩，只是我人生中的一次又一次的突破，而非永恒，昨天的成绩只是对过去努力的一种肯定，今天的我又将踏上新的征途。"

如果你是一滴水，你是否滋润了一寸土地？如果你是一线阳光，你是否照亮了一分黑暗？如果你是一颗小小的螺丝钉，你是否永远守在你生活的岗位上？在平凡的岗位上，何尚锴选择十年如一日地做一颗牢固耐用的螺丝钉，这份坚守，本就不平凡！

案例解析：在这个案例中，何尚锴以劳动理想铸就了非凡之路。何尚锴的故事，是一首关于坚守、奉献与不断追求卓越的劳动者之歌。从一名普通的路政员成长为广东省高速公路有限公司湛江分公司路政中队副中队长，他用自己的实际行动诠释了劳动理想的深刻内涵。

二、做有本领的劳动者

（一）什么是有本领的劳动者

有本领的劳动者，是那些不仅拥有扎实的专业知识和技能，更能将这些知识和技能转化为实际价值，为社会进步贡献力量的人。他们不仅是技术领域的佼佼者，更是勇于创新、解决问题的先行者。

有本领的劳动者具备深厚的专业知识和实践能力。通过不断学习和实践，他们精通所在领域的核心技术和理论，能够游刃有余地应对各种复杂的工作场景。这种专业知识是他们立足于社会、服务人民的基石。他们能够将理论知识与实际操作相结合，将所学应用于解决实际问题中，也善于观察、分析和思考，能够从问题中迅速找到根源，并提出切实有效的解决方案。这种实践能力使他们在工作中游刃有余，不断取得新的成果。

有本领的劳动者具备创新精神和高度的责任感。他们不满足于现状，总是追求更好的方法和途径改进工作。他们敢于尝试新的技术和方法，勇于面对挑战和困难，不断推动自己和团队向前发展。这种创新精神是他们不断超越自我、实现自我价值的重要动力。他们深知自己的工作和责任对于社会和人民的重要性，始终将人民利益放在首位。他们严格遵守职业道德和法律法规，以诚信和敬业的态度对待工作，赢得了社会的广泛认可和尊重。

在新时代的征程中，有本领的青年劳动者正以其卓越的能力和担当精神，书写着属于新时代的辉煌篇章。他们不仅为国家强盛、人民幸福而自信自强，更在守正创新中勇挑重担，以实干精神不断进取。他们以实际行动证明了新时代青年劳动者的可靠性和担当精神，是党和国家事业发展的重要力量。

（二）为什么要做有本领的劳动者

1. 有本领才能担当复兴重任

自近代以来，中华民族怀揣着一个共同的梦想——实现民族的伟大复兴。这不仅仅是对民族独立和人民解放的追求，更是对国家富强和人民幸福的渴望。新时代赋予了青年一代新的历史使命，那就是以民族复兴为己任，展现本领与担当。民族复兴的实现，是一个漫长而复杂的历史过程。它要求新时代的中国青年不仅要拥有远大的志向，更要有坚实的本领作为支撑。这种本领担当，不仅体现在对专业知识的深入钻研和掌握上，更体现在对国家和民族未来发展的深刻理解和积极贡献上。当前，中国特色社会主义事业正处于发展的重要阶段，这也是全体中华儿女共同努力、实现民族复兴的关键时期。我们比历史上任何时期都更接近、更有信心和能力实现这一伟大梦想。因此，中国青年应当义不容辞地肩负起这一历史重任，成为堪当民族复兴大任的时代新人。衡量一个中国青年是否具备这种本领担当，关键在于他是否自觉投身于民族复兴的伟大征程中，是否将民族复兴作为自己的人生选择，并为之不懈奋斗。这种本领担当，既是对个人能力的检验，更是对民族精神的传承和发扬。堪当民族复兴大任，是新时代中国青年最根本的本领担当，也是检验他们是否具备过硬本领的根本标准。只有具备这种本领担当的中国青年，才能在新时代的征程中书写属于自己的辉煌篇章，为实现中华民族伟大复兴的中国梦贡献青春力量。

2. 有本领才能全心服务人民

在新时代的征程中，无论是实现民族复兴的伟业，还是建设现代化强国，其本质都是服务人民、造福人民的事业。对于今天的青年而言，要肩负起这一神圣使命，不仅要有过硬的本领和担当，更要深深扎根于对人民的深厚情感之中，不断提升为人民服务的本领和能力。缺乏对人民的深厚感情和为人民服务的本领担当，青年就无法真正融入人民的事业之中。回顾中国革命、建设和改革的历史，广大青年始终与人民同呼吸、共命运，为了人民的解放和幸福不懈奋斗，甚至不惜牺牲自己的生命。他们用自己的实际行动，赢得了人民的信任和赞誉，也锤炼出了改造社会的卓越能力。中国青年劳动者的力量来自于人民，根基也深植于人民之中。因此，他们的本领和担当也应当完全服务于人民。新时代的中国青年劳动者，要将全心全意为人民服务作为自己的核心使命，将人民的需求和利益放在首位，不断提升自己的专业技能和综合素质，以更好地满足人民日益增长的美好生活需要。评判一个青年劳动者是否具备过硬的本领担当，关键在于他是否心怀人民、真心实意地为人民服务，是否具备为人民服务所需的能力和技能，以及是否在不断学习和工作中，为人民的幸福生活贡献自己的力量。只有这样的青年劳动者，才能在新时代的征程中展现出真正的担当和作为，为实现中华民族伟大复兴的中国梦贡献自己的力量。

3. 有本领才能勇于创新创造

当今处于世界百年未有之大变局中，创新创造成为确保民族自立自强、赢得国际竞争的关键要素。要想在全球舞台上稳步前行，推动国家兴旺发达，我们必须依靠创新创造这一不竭动力。在新时代的征程上，创新创造更是被置于经济社会发展的核心地位，是推动社会持续进步的根本所在。中国青年劳动者作为新时代的生力军，肩负着勇于创新创造的重任。他们必须具备扎实的专业本领和敢于挑战的精神，勇攀科技高峰，不断探索和突破。只有这样，他们才能紧跟时代步伐，适应我国经济社会的高速发展，为我国的高质量发展贡献青春力量。在创新创造的道路上，中国青年劳动者需要推动知识、理论、制度等多方面的创新，深化全面改革，让社会财富的源泉充分涌流，为人民群众创造更加美好的生活。这一过程中，他们不仅要有过硬的专业技能，更要有敢于尝试、勇于担当的精神。新时代的中国青年劳动者，其本领担当的衡量标准之一便是是否具备创新意识和创新精神。他们必须始终站在改革创新的前沿，为了民族复兴、国家强盛和人民福祉而努力奋斗。

（三）怎么做有本领的劳动者

新时代的中国青年劳动者，必须具备实现中华民族伟大复兴的本领担当。这既是中国共产党人的宏伟蓝图，也是我们实现党的第二个百年奋斗目标的必经之路。在现代化强国建设的大潮中，人才是不可或缺的支撑力量。因此，我们要自觉肩负起党和国家在新时代新征程中的战略任务，坚定高举爱国主义旗帜，以高度的历史责任感和使命感，积极投身于强国建设的伟大实践。我们要争做全面建设社会主义现代化强国的建设者和接班人，为实现中华民族伟大复兴的中国梦贡献青春力量。在奋斗的过程中，我们需要培养"舍我其谁"的奋斗精神，勇于担当、敢于作为。同时，我们也要拥有"越挫越勇"的斗争精神，在面对困难和挑战时，保持不屈不挠、勇往直前的坚定信念，以自己的才华和努力，创造出属于新时代中国青年的辉煌业绩，成为新时代新征程上中国社会的先锋力量和中坚力量。我们要以实际行动证明，我们是有本领的劳动者，能够为中华民族的伟大复兴贡献自己的力量。

1. 争做创新时代先锋

在创新成为社会发展核心动力的今天，中国青年劳动者作为创新创业的主力军，肩负着引领时代潮流的重任。自古以来，青年人才辈出，他们凭借活跃的创新思维和丰富的想象力，不断推动着社会的进步。日夜奋战在祖国现代航天一线的嫦娥、神舟、北斗团队，都展现出中国青年劳动者在创新道路上的杰出贡献。在2014年北京师范大学师生座谈会上，习近平总书记深情寄语广大青年，殷切希望他们"勇做走在时代前列的奋进者、开拓者"。新时代的青年，不仅要有敢于梦想、敢于实践的勇气，更要有勇于创新、敢于突破的精神。他们应当积极投身于创新实践的广阔天地，以满腔的热血和无限的活力，在创新的道路上不断探索、不断前行，努力开创属于自己的事业，让青春的火花在创新的海洋中璀璨绽放，为国家和民族的进步贡献自己的智慧和力量。作为新时代的青年劳动者，我们应该怀有"逢山开路、遇水架桥"的决心，勇于突破陈规，做时代的开拓者。我们要积极探索、求真务实，因为机遇总是青睐那些勇于创新、敢于拼搏的人。我们应当培养敏锐的问题意识，不仅要善于洞察问题、勇于质疑，还要敢于挑战传统桎梏，紧跟时代步伐，持续创新，使创新成为引领我们不断向前的核心动力。中国青年劳动者应成为时代的先锋，无惧任何艰难困苦，勇攀事业高峰。面对时代的召唤，我们必须怀有时不我待的紧迫感，以及舍我其谁的坚定信念，毅然担负起为国奉献的神圣使命。

2. 练就自身过硬本领

"人才有高下，知物由学。"习近平总书记多次强调，青年要勤学苦练、增强本领。实现梦想的基石在于学习，事业的成就离不开过硬的本领。在这个飞速发展的时代，新技术与新业态不断涌现，对青年一代的能力素质提出了更为严格和多元化的要求。青年劳动者要耐得住寂寞，不断磨砺自己，以满腔的热情投入到事业中。空有理想志向和热情是远远不够的，还需具备与之匹配的真才实学。人的能力和本领需要通过学习知识和实践经验不断积累，而青年时期就是学习的黄金时期，青年要把学习作为首要任务。在汲取科学知识的同时，青年劳动者更应将所学应用于实践之中，积极投身于社会活动中，善于从经验中汲取智慧，确保心中装满知识，在行动中展现本领。为了成为知识渊博、能力出众的复合型人才，我们需不懈奋斗。实现中国梦的道路并非一帆风顺，青年一代必须增强学习的紧迫感，将学习视为自己义不容辞的责任、内心的追求和日常生活的一部分，研读经典、悟透真理，时刻以马克思主义理论知识为指引，正确运用科学的方法论并用于指导实践。学习应成为我们生活中的一种常态，遵循知识发展的自然规律，从基础逐步深入，从简单逐渐复杂，保持稳步前进的态势。同时，我们要时刻牢记"纸上得来终觉浅，绝知此事要躬行"，通过实际行动将所学知识转化为实际能力。只有不断学习、不断实践、不断磨炼，青年才能肩负起民族复兴的神圣使命，不负国家、不负人民。

3. 发扬艰苦奋斗传统

艰苦奋斗一直都是中华民族的良好传统，而新时代的中国青年劳动者也要继续继承和发扬这一传统。在中华民族悠久的历史长河中，艰苦奋斗始终是我们民族精神的精髓。对于新时代的中国青年劳动者而言，艰苦奋斗不仅是实现个人价值的必由之路，更是推动国家发展、民族复兴的强大动力。民族复兴的伟大使命，需要一代又一代青年接续奋斗。奋斗是青春最亮丽的底色，习近平总书记年轻时在梁家河的知青岁月，是艰苦奋斗精神的生动体现。面对陌生的农村环境和艰苦的生活条件，他心系百姓，一心为百姓办实事，用自己的青春和汗水书写了奋斗的篇章。青年时期是积累经验和锻炼能力的重要阶段。在青年时期，历经挫折和考验能够锻炼意志、提升能力。广大青年劳动者应秉持永不言败的坚韧精神，保持勇往直前的奋斗姿态，勇于承担起自己的责任，敢于直面各种困难与挑战。新时代的中国青年劳动者要时刻保持艰苦奋斗的初心不变。我们要敢于梦想、敢于拼搏、敢于担当，不畏艰难险阻，勇于攀登高峰。在实现中国梦的道路上，我们会遇到各种挑战和困难，但只要我们坚定信念、勇往直前，就一定能够克服一切困难，实现我们的梦想。《新时代的中国青年》白皮书指出，新时代的中国青年必将以永不懈怠的精神状态、永不停滞的前进姿态，在接续奋斗中将中华民族伟大复兴的中国梦变为现实。这是青年劳动者的使命和责任，也是我们的荣耀和自豪。

【典型案例】

沈钊荣：广东省技术能手的成长历程

沈钊荣，2009级市政工程技术专业学生，现任广东省有色工业建筑质量检测站有限公司路桥部副部长一职，2021年代表公司参加广东省第二届职业技能大赛土工试验员竞赛荣获第二名，获得"广东省技术能手"称号。

勤学善思，明辨笃行

在校就读期间，沈钊荣认真学习工程相关知识，打下了坚实的检测专业基础，在恩师余素萍的启蒙下，习得关于试验检测的知识，对土工、水泥、砂石、沥青等材料的试验检测产生了浓厚的学习兴趣。经过长时间的积累，以及稳扎稳打的专业知识学习和专业技能训练，沈钊荣开启了试验检测的职业生涯之路。

唯日孜孜，无敢逸豫

在学校的引荐下，沈钊荣先后在广东华路交通科技有限公司、广东交通集团检测中心等检测机构参加专业实习,努力学习材料检测、道路检测和桥梁检测等专业知识。毕业后即获得公路材料检测员资格证,在广清高速公路改扩建工程中心试验室开始了长达4年的驻地检测工作,主要负责土工、无机结合料、沥青及沥青混合料、道路现场检测工作。

奋发图强,业精于勤

沈钊荣自2017年进入广东省有色工业建筑质量检测站有限公司工作,有了发光发热的平台。他用"成长型"心态工作,在工作中不断加强学习,鞭策自己迅速"成长",用5年的时间从检测员成长为试验检测师、从试验室主任晋升为公司管理层,长期在工程检测的一线岗位上实践探索,陆续考取了道路工程试验检测师、注册土木工程师等国家职业资格证书,2021年代表公司参加广东省第二届职业技能大赛土工试验员竞赛荣获第二名并获得"广东省技术能手"称号,成就了他职业生涯的高光时刻。

入行已十余年,沈钊荣日复一日地努力,年复一年地坚持,始终不忘试验检测的初心,牢记质量强国的使命,不断提高自己的理论水平和技术能力,立志为工程建设提供更优质的质量检测技术服务。

案例解析:在本案例中,沈钊荣作为广东省技术能手的代表,以其扎实的专业知识和不断进取的精神,展示了高超的劳动本领。他勤学善思,打下坚实的专业基础,并通过实习和实践不断提升技能。进入职场后,他保持"成长型"心态,不断学习、探索,迅速成长为试验检测师并晋升为公司管理层。沈钊荣的成功,不仅在于他精湛的技艺,更在于他对质量的执着追求和对技术的不懈钻研,为工程建设贡献了优质的技术服务。

三、做有担当的劳动者

(一)什么是有担当的劳动者

自党的十八大以来,中华民族迎来了从站起来、富起来到强起来的伟大飞跃,中国特色社会主义进入了新时代,中华民族伟大复兴的蓝图愈发清晰。在这个新时代,劳动者的角色愈发凸显,而有担当的劳动者更是推动社会进步的关键力量。

我们要具备坚定的责任感和使命感。有担当的劳动者深知自己的工作不仅是为了生计,更是为了国家的发展和民族的繁荣。他们愿将个人梦想融入国家大局,为集体、为国家、为民族贡献青春和力量。他们勇于承担责任，面对工作中的困难和挑战，从不退缩，而是迎难而上，积极寻求解决之道。他们明白，只有敢于担当，才能赢得尊重和认可，也才能在职业道路上不断成长。

我们要富有积极进取和团结向上的决心。有担当的劳动者不满足于现状，会追求更高的工作效率和更好的工作质量。他们敢于挑战传统，勇于突破陈规，积极探索新的工作方法和技术手段，为社会发展贡献智慧和力量。他们深知，个人的力量是有限的，只有团结协作，才能取得更大的成就。他们尊重他人、信任他人，善于与他人沟通和协作，共同为实现目标而努力。

在新时代的大背景下，我们都要成为有担当的劳动者，以坚定的信念和不懈的努力，为实现中华民族伟大复兴的中国梦贡献自己的力量，为共同书写新时代的辉煌篇章展现新时代劳动者的担当与作为。

（二）为什么要做有担当的劳动者

中国特色社会主义已经昂首阔步地迈入了新的时代，这是一个前所未有的历史阶段，它使我们比历史上任何时期都更加接近实现中华民族伟大复兴的壮丽蓝图。新时代的中国青年劳动者，作为这一历史进程的积极参与者，更是这一伟大变革的直接受益者。我们要肩负时代赋予的崇高历史使命，怀揣着满腔的热情和坚定的信念，以勇往直前的姿态，不断朝着实现中华民族伟大复兴的宏伟目标奋勇前进。作为新时代的见证者、建设者和推动者，要努力奋斗和拼搏，为中华民族的伟大复兴注入源源不断的动力和活力。

1. 有担当是德智体美劳全面发展的需要

在新时代，青年劳动者肩负着践行使命担当的重任。德智体美劳的全面发展是青年能否担当重任的重要基石，也是个人成长的重要途径。青年劳动者作为社会未来的主人，他们的成长和发展，不仅关乎个人的前途，更与国家、民族的命运紧密相连。2017年，习近平总书记在中国政法大学考察时，勉励同学们要珍惜韶华，潜心读书，敏于求知，做到德智体美全面发展，毕业后为祖国和人民施展自己的才华，实现自己的人生价值，深刻揭示了青年成长的方向和路径。在德智体美劳的全面发展中，担当精神是不可或缺的一环。青年劳动者需要不断地学习和实践，锤炼自己的品德、智慧、体魄、审美能力和劳动精神，不断锤炼自我、提升个人修养。德智体美劳是相互促进的，是青年劳动者在新时代践行使命担当的内在动力。广大青年劳动者应胸怀天下、志向远大,将担当民族复兴的时代重任与实现自我价值紧密结合;将个人的梦想与国家的命运紧密相连;应成为无愧于民族、无愧于时代、无愧于青春的追梦人,用实际行动书写新时代的青春篇章,展现新时代劳动者的责任与担当。

2. 有担当是实现中华民族伟大复兴的需要

在中华民族伟大复兴的宏伟蓝图上,每一位有担当的劳动者都是不可或缺的力量。青年劳动者作为新时代的生力军,他们的担当精神更是实现这一伟大目标的关键。自中国共产党成立以来,中国人民在党的领导下,历经风雨,实现了从站起来、富起来到强起来的伟大飞跃。这一过程中,青年劳动者始终冲锋在前,无论是革命战争年代,还是改革开放新时期,他们都以坚定的信念和昂扬的斗志,为国家的繁荣富强和民族的复兴贡献着青春和力量。如今,中华民族伟大复兴也进入了关键阶段,青年劳动者作为社会发展的中坚力量,更需要肩负起时代赋予的重任。他们应该具备坚定的责任感和使命感,勇于担当,敢于创新,以"天行健,君子以自强不息"的坚韧品格,不断锤炼自己的能力和素质,为实现中华民族的伟大复兴贡献自己的力量。青年劳动者应该将自己的梦想与国家的命运紧密相连,将个人的发展融入国家的发展大局之中。应该成为新时代的开路先锋和事业闯将,以"会当凌绝顶,一览众山小"的宏伟志向,不断攀登新的高峰,为实现中华民族的伟大复兴贡献自己的智慧和力量。

3. 有担当是应对百年未有之大变局的需要

在全球视野下审视当前世界,我们正处在一个复杂多变、影响深远的"时代之变"中,然而和平与发展依然是不可动摇的时代主旋律。在这样的历史节点上,青年劳动者作为社会的中坚力量,其担当精神显得尤为重要。面对百年未有之大变局,青年劳动者必须承担起引领民族复兴、担当文化交流桥梁、推动构建人类命运共同体的时代重任。作为新时代的青年劳动者,我们不仅要有登高望远的视野,还要有胸怀天下的气魄,勇于在国际舞台上发声,为推动构建人类命运共同体贡献智慧和力量。还要敢于斗争、乐于斗争。在复杂多变的国际环境中,青年劳动者要敢于直面挑战,勇于担当责任,争做时代的弄潮儿。基于对世界形势的深刻洞察,习近平总书记鼓励广大青年要具备登高望远的视野和胸怀天下的气魄,积极承担国际责任,与世界各国的青年一同凝聚共识、贡献智慧、奉献力量。这正是做有担当的劳动者的必要性所在,也是应对百年未有之大变局的世情需要的体现。

(三）怎么做有担当的劳动者

在当今社会，随着科技的飞速发展和全球化的深入推进，劳动者所承担的责任和使命也日益重大。如何成为一名有担当的劳动者，不仅关系到个人的职业发展和人生价值实现，更对社会的进步和国家的繁荣具有重要意义。我们不仅要树立强烈的责任感和坚守职业道德，还要积极参与基层实践，树立全球化眼光，为社会的进步和国家的繁荣贡献自己的力量。

1. 坚守职业道德

职业道德是每一位劳动者在职业活动中不可或缺的行为规范和道德准则。它不仅体现了劳动者的个人品质，更是社会文明和进步的重要标志。作为一名有担当的劳动者，坚守职业道德不仅是我们的责任和义务，更是我们实现个人价值、赢得社会尊重的必经之路。诚实守信是职业道德的核心。在职业活动中，我们要做到言行一致、信守承诺。无论是与同事、客户还是合作伙伴交往，我们都要以诚信为本，不撒谎、不欺骗、不隐瞒。公正公平是职业道德的重要体现。在工作中，我们要坚持公正公平的原则，不偏袒、不歧视、不谋取私利；要尊重他人的权利和利益，不侵犯他人的合法权益，确保职业活动的公正性和公平性。敬业奉献是职业道德的崇高追求。我们要热爱自己的职业，全身心地投入到工作中，不断追求卓越和完美；要以高度的责任感和使命感对待自己的工作，不敷衍、不推诿、不逃避；要勇于奉献，将自己的知识和技能无私地奉献给社会和他人，为社会的进步和发展贡献自己的力量。

2. 积极基层实践

青年是国家的未来、民族的希望。要成为国家的栋梁之材，青年不仅要饱读诗书，更要在实践中磨砺成长。积极投身基层实践，是青年实现自我价值和人生价值的关键途径。基层实践不仅是理论知识的检验场，更是青年汲取智慧、增强力量的源泉。习近平总书记高度重视青年的基层实践。他多次强调，青年要到基层去、到祖国最需要的地方去，在实践中锤炼品质、增长才干。2016年，习近平总书记在全国高校思想政治工作会议上勉励广大青年到基层去、到祖国最需要的地方去，到基层和人民中挥洒热血、成就一番事业。2020年，习近平总书记在给西藏大学临床医学专业的同学们的回信中，鼓励他们毕业后到人民最需要的地方去，以仁心仁术造福人民，特别是基层群众。2022年五四青年节颁授新疆西部计划志愿者接力支教服务队第26届"中国青年五四奖章"就是对青年在基层服务他人、奉献社会的最大肯定。青年通过深入基层，能够深入了解群众的真实需求，增强服务社会的责任感和使命感。新时代的中国青年劳动者要继承革命优良传统，勇于扎根基层、立足实践，想群众之所想、急群众之所急，真正做到为人民服务。

3. 树立世界眼光

在新时代的浪潮中，每一个有担当的劳动者都应当树立世界眼光，以更宽广的视野审视和把握时代的脉搏。这种眼光不仅是对外部世界的观察，更是对全球发展趋势的深刻理解和把握。人类命运共同体是习近平总书记在把握世界发展趋势的前提下提出的新思想，我们要深刻认识到人类命运共同体的理念。实践是认识的源头活水，实践证明，构建人类命运共同体的思想不仅是对马克思主义共同体思想的继承与发展，更是为推动世界和平进步、构建国际政治新秩序贡献了中国智慧和中国方案。在这个全球化日益深入的时代，各国之间的联系日益紧密，任何一个国家的发展都离不开其他国家的支持与合作。只有树立了世界眼光，我们才能更加清晰地看到这一点，更加积极地参与到全球合作中。我们要讲好中国故事，中国作为一个拥有悠久历史和灿烂文化的国家，有着许多值得向世界讲述的故事。这些故事不仅包含了中国的历史和文化，更体现了中国人民的智慧和力量。通过讲好中国故事，我们可以让更多的人了解中国，认识中国，从而增进中外之间的友谊和合作。

【典型案例】

罗锦鸿：争当开路先锋，树立行业标杆

罗锦鸿，中共党员，1987级公路与桥梁专业学生，现任保利长大工程有限公司高级工程师，先后担任试验员、质检员、项目副经理、项目经理、党支部书记等职务，曾参与南门大桥、江南大桥、虎门大桥、广澳高速公路、港珠澳大桥等工程建设。从业30年来，先后获得先进个人、先进工会工作者、优秀党务工作者等各类称号。2016年，所在项目团队先后获得广东交通系统感动交通集体以及中华总工会、交通运输部感动交通年度人物（集体）荣誉称号。

2012年起，罗锦鸿就参与港珠澳大桥建设，担任港珠澳大桥CB04标党支部书记兼项目副经理，分管党务建设、综合事务、人力资源、安全环保等工作。

罗锦鸿在后勤保障中，调整物资补给周期，以保障物资供应充足、新鲜。2016年10月台风"海马"来袭，罗锦鸿细心部署工程项目的台风防御工作，特意向项目部同事交代："方便面、八宝粥也要备一些，以防到时采购不便。"

2018年10月23日上午，港珠澳大桥开通仪式在广东省珠海市举行，罗锦鸿等人在

当天受到了习近平总书记的亲切接见。2018年1月至10月，罗锦鸿累计参加5场广东省交通系统"最美南粤交通人"故事分享会巡回演讲。2019年7月，罗锦鸿参加国务院国资委"大国重器"演讲，分享了其在交通建设行业从业二十多年的经验和感想。

2018年11月1日，罗锦鸿作为优秀校友代表参加了土木工程学院举行的优秀校友交流会。他认为，土木类专业教育教学不能关起门来，不能停留于理论课堂，力学概念、路基路面知识、桥梁施工技术等内容很枯燥也很抽象，单纯依靠课堂教学达不到理想的教学效果，有效的教育教学必须走出去，走向工地，走近工人，与实践实习有机结合。

罗锦鸿回忆一路走来的时光，他说，闷热的工房、群攻的蚊虫、粗糙的米饭等，这些艰苦的经历都是宝贵的财富。罗锦鸿用自己的亲身经历阐述了土木类专业教育教学的路径，用典型事迹引导激励广大学子积极上进、奋勇拼搏，对土木学子提出恳切期望：交通人肩上的重大责任，应当具备"到祖国最需要的地方去"的自觉意识，要敢吃苦、能吃苦、会吃苦。

案例解析：罗锦鸿作为保利长大工程有限公司的高级工程师，曾深度参与港珠澳大桥的建设，在此过程中展现了自己在复杂工程环境中的卓越领导力。面对港珠澳大桥建设的巨大挑战，他精心策划物资补给、安全环保和应急方案，确保工程高效推进。特别是在台风"海马"来袭时，他细致部署防御工作，备足生活物资，体现了高度的责任感和应急能力。罗锦鸿不仅在技术上精益求精，还积极分享经验，参与演讲和交流，激励学子。他的事迹表明，交通建设需要理论与实践结合，要培养能吃苦、敢担当的交通人才。

四、实践体验

本单元设计的实践体验活动为劳动周活动。

（一）劳动目标

通过组织学生在学校办公场所开展日常生活劳动实践，达到以下目标。

（1）能够认识学校办公场所社会生活劳动所使用的基本劳动工具。

（2）能够熟悉学校办公场所社会生活劳动的作业流程，实现与教师的有效配合。

（3）了解学校办公场所生活劳动的岗位基本要求，掌握与之相对应的基本素质和技能。

（4）结合专业人才培养，开展社会生活劳动实践，增强学生职业荣誉感，提高服务意识，提升实际操作能力，培育学生精益求精的工匠精神和爱岗敬业的劳动态度。

（二）学习资源

（1）学校部门及办公场所相关资料。

（2）办公设备使用说明书和操作规范。

（3）职场健康与安全的规范要求。

（4）办公软件教学素材。

（三）场所与工具准备

（1）学校可以开展社会生活劳动的办公场所。

（2）参与办公场所劳动的用具和防护用品。

（3）与劳动内容相匹配的劳动作业用品。

（4）书籍、资料、生活用品、办公工具、劳动工具、宣传手册、学习资料等。

（四）劳动安全及规则

（1）佩戴标识等。

（2）作业现场安全防护。

（3）各类办公设备的使用安全要求。

（4）一般性劳动健康与安全教育。

（五）实践操作

1. 组织准备

（1）劳动活动开展前与相关岗位教师进行有效沟通，了解办公室工作内容，了解岗位职责与要求。

（2）根据岗位要求，对参加社会生活劳动的学生，根据专业特点进行分组安排，分配到不同的办公室，说明岗位实践操作的有关要求，使每个学生熟悉和明确岗位职责和要求。

（3）根据办公室的职责与需求，准备相关办公用具以及相关材料。

（4）引导学生到达相应的办公场所，强调劳动纪律和安全意识。

（5）教师示范演示劳动内容，对学生进行工作方法的讲解培训，明确办公环节对应流程。

2. 作业流程

（1）在参与社会生活劳动之前进行办公场景工作需求情况调查，确定适合学生开展劳动活动的项目与内容。

（2）为学生讲解办公室场景指定项目的工作职责和流程，对工作内容进行操作练习，指导学生为社会生活劳动做好实践与理论的准备。

（3）组织学生到需要开展社会生活劳动的场所。

（4）学生按照要求开展办公场景劳动及活动。

（5）对学生的劳动表现和工作结果进行检查、考评，并有针对性地提出问题与建议（表10-1）。

（6）指导学生根据考评结果进行反思与完善，并提交心得体会。

3. 主要内容

（1）办公软件操作：根据办公任务要求，熟练运用各种办公软件，处理办公相关问题。

（2）卫生清洁：负责办公场所地面、桌面及室内外环境清洁整理。

（3）档案资料整理：根据文字档案材料分类的要求和方法，规范整理、有序归档。

（4）文字材料书写：根据任务要点和实际要求，完成公文及文字材料的撰写。

（5）沟通传达：及时准确完成信息传达交流工作。

（六）劳动评价

学生劳动情况鉴定单如表10-1所示。

表10-1　学生劳动情况鉴定单

课程名称		任务名称	
学生姓名		实践总评	
劳动理论评价			
评价项目			评分
1. 能够正确认识办公场景劳动实践的意义（5分）			
2. 能够说出办公室常见安全隐患及注意事项（10分）			
3. 能够了解认识办公室场景劳动的各类工具（15分）			

续表

劳动技能评价	
评价项目	评分
1. 是否具备办公软件操作能力，并能熟练运用操作软件解决办公遇到的问题（10分）	
2. 是否完成卫生清洁任务，保证办公场所地面、桌面及室内外环境清洁（10分）	
劳动能力评价	
评价项目	评分
1. 是否具备档案资料整理能力，能够根据文字档案材料分类的要求和方法，规范整理、有序归档（10分）	
2. 是否具备基本的文字材料书写能力，能够根据任务要点和实际要求，完成公文及文字材料的撰写（10分）	
3. 是否准确理解工作任务及要求，及时有效地沟通、传达信息（10分）	
劳动道德评价	
评价项目	评分
是否具有正确的劳动观念和职业精神（20分）	

评定意见：

鉴定教师签字： 日期：

参考文献

[1]中共中央马克思恩格斯列宁斯大林著作编译局．马克思恩格斯选集：第2卷[M]．北京：人民出版社，2012．

[2]中共中央马克思恩格斯列宁斯大林著作编译局．马克思恩格斯选集：第5卷[M]．北京：人民出版社，2009．

[3]中共中央马克思恩格斯列宁斯大林著作编译局．马克思恩格斯选集：第23卷[M]．北京：人民出版社，1972．

[4]中共中央马克思恩格斯列宁斯大林著作编译局．马克思恩格斯文集：第九卷[M]．北京：人民出版社，2009．

[5]李宏兵．数字经济战略下中国企业"走出去"的劳动力市场效应研究[M]．北京：北京邮电大学出版社，2020．

[6]中共中央马克思恩格斯列宁斯大林著作编译局．马克思恩格斯文集：第一卷[M]．北京：人民出版社，2009．

[7]中共中央马克思恩格斯列宁斯大林著作编译局．马克思恩格斯选集：第3卷[M]．北京：人民出版社，2012．

[8]刘文强．建设制造强国[M]．北京：中国青年出版社，2022．

[9]刘向兵．劳动通论[M]．2版．北京：高等教育出版社，2021．

[10]李叔宁，刘君义．大学生劳动教育教程[M]．长沙：湖南师范大学出版社，2021．

[11]刘丽红，罗俊，黄海军．大学生劳动教育[M]．北京：新华出版社，2022．

[12]褚敏．大学生劳动教育教程[M]．上海：华东师范大学出版社，2022．

[13]李洪渠．新时代大学生劳动教育（高职版）[M]．武汉：华中科技大学出版社，2023．

[14]蔡瑞林，张根华，张国平，等．大学劳动教育[M]．北京：高等教育出版社，2021．

[15]谷道宗，王光炎．鲁班文化与工匠精神[M]．北京：清华大学出版社，2021．

[16]习近平．之江新语[M]．杭州：浙江人民出版社，2007．

[17]最高人民法院案例指导与参考丛书编选组．最高人民法院劳动案例指导与参考[M]．2版．北京：人民法院出版社，2021．

[18]黎建飞．劳动法与社会保障法：原理、材料与案例[M]．2版．北京：北京大学出版社，2019．

[19]党印．职业与劳动——大学生劳动教育十讲[M]．2版．北京：人民交通出版社，2021．

[20]习近平．中共中央关于党的百年奋斗重大成就和历史经验的决议[M]．北京：人民出版社，2021．

[21]习近平．论党的青年工作[M]．北京：中共中央文献出版社，2022．

[22]中华人民共和国国务院新闻办公室．新时代的中国青年白皮书[M]．北京：人民出版社，2022．

[23]中共中央文献研究室．习近平关于青少年和共青团工作论述摘编[M]．北京：中央文献出版社，2017．

[24]中共中央文献研究室．毛泽东文集(第六卷)[M]．北京：人民出版社，1999．

[25]习近平．习近平著作选读(第1卷)[M]．北京：人民出版社，2023．

[26]赵荣辉．劳动教育的内涵、主旨与功用[J]．教育理论与实践，2024，44(5)：3-6．

[27]习近平在会见第四届全国道德模范及提名奖获得者时强调——深入开展学习宣传道德模范活动为实现中国梦凝聚有力道德支撑[J]．职业技术，2013(10)：4．

[28]檀传宝．深度与复杂性的引入——高等学校应有的劳动哲学教育[J]．教育研究，2023，44(1)：26-35．

[29]弓迎宾．职业院校劳动教育与专业教育融合发展的必然、实然与应然[J]．教育理论与实践，2024，44(6)：23-26．

[30]李世明．大庆精神铁人精神是中国工人阶级的共同精神财富[J]．石油政工研究，2009(5)：35-37．

[31]工会博览评论员．劳模永远是时代的领跑者[J]．工会博览，2005(10)：4-5．

[32]关锋．让劳模精神闪耀辽沈大地[J]．辽宁省总工会，2018(10)：20-23．

[33]张晓明．中国劳模的历史叙事与启示[J]．领导理论与实践，2011(1)：37-39．

[34]张威．对明星的崇拜不应胜过劳模[J]．工会博览(下旬版)，2016(9)：31．

[35]钢铁文化评论员．把雷锋精神落实到工作中[J]．钢铁文化，2012(3)：1．

[36]张迪．中国的工匠精神及其历史演变[J]．思想教育研究，2016(10)：45-48．

[37]高中华，赵晨，付悦．工匠精神的概念、边界及研究展望[J]．经济管理，2020，42(6)：192-208．

[38]李宏伟，别应龙．工匠精神的历史传承与当代培育[J]．自然辩证法研究，2015，31(8)：54-59．

[39]殷剑敏．论创业精神在艺术院校中的培养策略[J]．扬州教育学院学报，2014，32(2)：54-56．

[40]李岁月．论习近平系列重要讲话中的劳动思想[J]．武汉科技大学学报(社会科学版)，2016，18(6)：630-636．

[41]林伯海，马宁．习近平关于工匠精神重要论述的生成、意蕴及实践路径[J]．思想教育研究，2021(12)：21-24．

[42]沈明泓，戴中梁，李爽尔．人格培养：职业院校大学生工匠精神培育的有效途径[J]．教育理论与实践，2020，40(18)：32-34．

[43]高远，吕甜甜．新时代工匠精神与大学生专业素养培育融通机制探析[J]．江苏高教，2021(4)：98-101．

[44]苏高教．高校大学生文化素质教育的整体推进[J]．江苏高教，2000(1)：84-86．

[45]崔岩，黄永亮．就业技能与职业分化——农民工就业质量的差异及其社会后果[J]．社会学研究，2023，38(5)：112-133，228-229．

[46]张世昌．红色文化蕴含的劳动思想及其时代启示[J]．中学政治教学参考，2023(20)：75-79．

[47]杨颖．基于航海科普基地建设的职业工匠精神培育——以广东交通职业技术学院为例[J]．现代职业教育，2019(20)：50-51．

[48]吴林龙．引导新时代青年增强过硬的本领担当[J]．高校辅导员，2022(2)：26-30．

[49]刘静．"一团火"精神光耀福州——档案解读共产党员张秉贵"甜蜜"事业[J]．北京档案，2021(6)：54-56．

[50]陈伶浪．新时代弘扬劳模精神研究[D]．长春：吉林大学，2020．

[51]习近平．习近平在庆祝"五一"国际劳动节暨表彰全国劳动模范和先进工作者大会上的讲话[N]．人民日报，2015-04-29(2)．

[52]袁野，吴丹若．是时候重新认识人才了[N]．成都商报，2020-07-03(5)．

[53]陈振凯,吕绍刚,刘少华.四十年光阴里的深圳故事[N].人民日报海外版,2020-09-03(5).

[54]习近平.习近平向全国广大劳动群众致以节日祝福和诚挚慰问[N].中国青年报,2024-05-03(1).

[55]彭雅惠,曹娴,刘奕楠.高凤林:愿意贡献、善于贡献,这就是"匠心"[N].湖南日报,2022-09-03.

[56]石榴云.迎风战雪守护平安路——记全国"最美职工"李长青[N].新疆日报,2023-05-02.

[57]习近平.习近平总书记在全国教育大会上的重要讲话[N].人民日报,2018-09-12(2).

[58]习近平.在同全国劳动模范代表座谈时的讲话[N].人民日报,2013-04-29(2).

[59]习近平.在知识分子、劳动模范、青年代表座谈会上的讲话[N].人民日报,2016-04-30(2).

[60]首届劳模先进工作者评选推荐活动启动[N].河南日报农村版,2017-03-09(2).

[61]习近平在知识分子、劳动模范、青年代表座谈会上的讲话[N].人民日报,2016-04-30(2).

[62]俞仲文.培养千千万万技术革新能手[N].中国教育报,2013-09-17(5).

[63]王瑞生.建设中国特色社会主义的伟大力量——礼赞劳模精神、劳动精神、工匠精神[N].工人日报,2018-04-24(7).

[64]庞丽娟.用"制造精神"引领"中国制造"[N].光明日报,2015-11-02(2).

[65]习近平.在庆祝中国共产党成立100周年大会上的讲话[N].人民日报,2021-07-02(2).

[66]习近平.在纪念五四运动100周年大会上的讲话[N].人民日报,2019-05-01(2).

[67]习近平在知识分子、劳动模范、青年代表座谈会上的讲话[N].人民日报,2016-04-30(1).

[68]劳模是民族精英人民楷模共和国功臣[N/OL].(2020-11-25)[2024-12-03].https://paper.xinmin.cn/html/xmwb/2020-11-25/2/87103.html.

[69]余璐."全国优秀共产党员"王中美:用"焊花"照亮美丽人生[EB/OL].

(2021-07-02)[2024-11-05]. http://finance.people.com.cn/n1/2021/0702/c1004-32147183.html.

[70]案例：这不是科幻电影！是未来"无人工厂"的日常[EB/OL].（2017-06-14）[2024-03-27］. https://www.sohu.com/a/149045423_308412.

[71]新华社. 习近平在全国劳动模范和先进工作者表彰大会上的讲话[EB/OL].（2020-11-24）[2021-04-15］. https://www.gov.cn/xinwen/2020-11/24/content_5563928.htm.

[72]新华网. 中国共产党人精神谱系第一批伟大精神正式发布[EB/OL].（2020-09-29）[2024-08-11］. http://www.xinhuanet.com/politics/2021-09/29/c_1127917872.htm.

[73]光明日报. 弘扬创造精神 实现复兴梦想[EB/OL].（2019-12-27）[2024-08-16］. https://baijiahao.baidu.com/s?Id=1654029683714234917&wfr=spider&for=pc.

[74]罗旭, 刘华东, 李睿宸. 工匠精神：谱写敬业报国的时代乐章[EB/OL].（2021-02-10）[2024-08-16］. https://baijiahao.baidu.com/s?id=1691255394566589877&wfr=spider&for=pc.

[75]联合国. 国际劳工组织关于工作中基本原则和权利宣言[EB/OL].（1998-06-18）[2024-05-25］. https://www.un.org/zh/documents/treaty/ILO-1998.

[76]国家统计局：我国产业结构持续优化升级[EB/OL].（2019-07-02）[2024-11-03］. https://news.cctv.com/2019/07/02/ARTImgdT7e51FIR3oTxa94v9190702.shtml.

[77]蒋乐来. "00后"在世界技能之巅：故事终章与新的起点[EB/OL].（2024-09-29）[2024-11-05］. https://m.thepaper.cn/newsDetail_forward_28889182.

[78]李行健. 现代汉语规范词典[Z]. 北京：外语教学与研究出版社，语文出版社，2004.

后 记

随着本书的编写工作接近尾声,我们不禁对劳动教育在新时代高校中的重要性有了更深刻的认识。在本书中,我们探讨了劳动教育的理论基础、实践方法以及与现代社会发展的紧密联系。我们也深知,劳动教育并非一蹴而就的短期任务,而是需要持续努力、不断深化的长期过程。在高校中,劳动教育应贯穿于人才培养的全过程,融入学生的日常学习和生活中,成为他们成长成才的必备课程。

其一,学校要进一步加强劳动教育的理论研究,不断探索符合新时代要求的劳动教育理念和方法。同时,学校还应关注劳动教育的国际发展趋势,借鉴先进经验,丰富和完善我国的劳动教育体系。

其二,学校要注重劳动教育的实践性,让学生在亲身参与中感受劳动的艰辛与快乐,体验劳动的价值和意义。学校还应通过组织丰富多样的劳动实践活动,如校园劳动、志愿服务、社会实践等,让学生将理论知识与实际操作相结合,提高他们的劳动技能和综合素质。

其三,学校应加强劳动教育的师资队伍建设,培养一支既具备劳动教育理论知识又具备实践经验的教师队伍。同时,学校还要加强与企业的合作,共同开发劳动教育资源,为学生提供更多的实践机会和就业渠道。

其四,学校要不断完善劳动教育的评价机制,建立科学合理的评价标准和方法,确保劳动教育的质量和效果。同时,学校还要加强劳动教育的宣传和推广,提高全社会对劳动教育的认识和重视程度。

回顾本书的编写过程,我们深感责任重大、使命光荣。我们希望通过本书的出版,能够为高校的劳动教育提供有益的参考和借鉴,为推动新时代高校劳动教育的创新发展贡献一份力量。同时,我们也期待更多的教育工作者和研究者能够关注劳动教育这一重要领域,共同为培养具备劳动素养和创新精神的新时代大学生而努力。